1 Allgemeines

2 Gastrointestinaltrakt

3 Leber, Gallenblase, Pankreas und Milz

4 Harntrakt und Nebennieren

5 Weibliche Geschlechtsorgane

6 Männliche Geschlechtsorgane

Anhang

Index

Dr. Marco Stein, Paul Jahnke

Anatomie Band 7

MEDI-LEARN Skriptenreihe

6., komplett überarbeitete Auflage

MEDI-LEARN Verlag GbR

Autor: Dr. Marco Stein, Paul Jahnke
Fachlicher Beirat: PD Dr. Rainer Viktor Haberberger

Teil 7 des Anatomiepaketes, nur im Paket erhältlich
ISBN-13: 978-3-95658-000-0

Herausgeber:
MEDI-LEARN Verlag GbR
Dorfstraße 57, 24107 Ottendorf
Tel. 0431 78025-0, Fax 0431 78025-262
E-Mail redaktion@medi-learn.de
www.medi-learn.de

Verlagsredaktion:
Dr. Marlies Weier, Dipl.-Oek./Medizin (FH) Désirée Weber, Denise Drdacky, Jens Plasger, Sabine Behnsch, Philipp Dahm, Christine Marx, Florian Pyschny, Christian Weier

Layout und Satz:
Fritz Ramcke, Kristina Junghans, Christian Gottschalk

Grafiken:
Dr. Günter Körtner, Irina Kart, Alexander Dospil, Christine Marx

Illustration:
Daniel Lüdeling

Druck:
A.C. Ehlers Medienproduktion GmbH

6. Auflage 2014
© 2014 MEDI-LEARN Verlag GbR, Marburg

Das vorliegende Werk ist in all seinen Teilen urheberrechtlich geschützt. Alle Rechte sind vorbehalten, insbesondere das Recht der Übersetzung, des Vortrags, der Reproduktion, der Vervielfältigung auf fotomechanischen oder anderen Wegen und Speicherung in elektronischen Medien.
Ungeachtet der Sorgfalt, die auf die Erstellung von Texten und Abbildungen verwendet wurde, können weder Verlag noch Autor oder Herausgeber für mögliche Fehler und deren Folgen eine juristische Verantwortung oder irgendeine Haftung übernehmen.

Wichtiger Hinweis für alle Leser
Die Medizin ist als Naturwissenschaft ständigen Veränderungen und Neuerungen unterworfen. Sowohl die Forschung als auch klinische Erfahrungen führen dazu, dass der Wissensstand ständig erweitert wird. Dies gilt insbesondere für medikamentöse Therapie und andere Behandlungen. Alle Dosierungen oder Applikationen in diesem Buch unterliegen diesen Veränderungen.
Obwohl das MEDI-LEARN Team größte Sorgfalt in Bezug auf die Angabe von Dosierungen oder Applikationen hat walten lassen, kann es hierfür keine Gewähr übernehmen. Jeder Leser ist angehalten, durch genaue Lektüre der Beipackzettel oder Rücksprache mit einem Spezialisten zu überprüfen, ob die Dosierung oder die Applikationsdauer oder -menge zutrifft. Jede Dosierung oder Applikation erfolgt auf eigene Gefahr des Benutzers. Sollten Fehler auffallen, bitten wir dringend darum, uns darüber in Kenntnis zu setzen.

Inhalt

1	**Allgemeines**		**1**
1.1	Das Peritoneum, was ist das?		1
1.2	Mesenterien		1
1.3	Lageverhältnisse der Organe		1
1.4	Das große und das kleine Netz		3
1.4.1	Omentum majus		3
1.4.2	Omentum minus		4
1.5	Bursa omentalis		4
1.6	Sympathikus und Parasympathikus des Abdomens		5
2	**Gastrointestinaltrakt**		**6**
2.1	Magen		6
2.2	Truncus coeliacus		7
2.3	Dünndarm		8
2.3.1	Duodenum		8
2.3.2	Jejunum und Ileum		9
2.4	Dickdarm		10
2.4.1	Besonderheiten im Wandbau des Dickdarms		10
2.4.2	Lageverhältnisse des Dickdarms		11
2.4.3	Gefäßversorgung des Dickdarms		11
2.4.4	Parasympathische Innervation des Dickdarms		12
2.4.5	Lymphabfluss Dickdarm		12
2.5	Rektum		12
2.5.1	Verschlusssystem des Rektums		12
3	**Leber, Gallenblase, Pankreas und Milz**		**18**
3.1	Leber		18
3.1.1	Leberoberfläche		18
3.1.2	Gefäßversorgung der Leber		19
3.1.3	Pfortaderkreislauf		19
3.2	Gallenblase		20
3.2.1	Funktion der Gallenblase		20
3.2.2	Gefäßversorgung der Gallenblase		21
3.3	Pankreas		22
3.3.1	Lage und Aufbau		22
3.3.2	Gefäßversorgung des Pankreas		22
3.4	Milz		23
3.4.1	Lage und Aufbau		23
3.4.2	Wichtige Bandstrukturen der Milz		23
3.4.3	Gefäßversorgung der Milz		23
4	**Harntrakt und Nebennieren**		**28**
4.1	Niere		28
4.1.1	Lageverhältnisse der Nieren		28
4.1.2	Gefäßversorgung der Nieren		28
4.2	Nebenniere		28
4.2.1	Funktion der Nebennieren		29
4.2.2	Gefäßversorgung der Nebennieren		30
4.3	Ureter		30
4.3.1	Aufbau und Lage		30
4.3.2	Gefäßversorgung des Harnleiters		31
4.4	Harnblase		31
4.4.1	Aufbau und Lage der Harnblase		31
4.4.2	Gefäßversorgung der Harnblase		32
4.4.3	Innervation der Harnblase/Miktion		32
5	**Weibliche Geschlechtsorgane**		**36**
5.1	Innere weibliche Geschlechtsorgane		36
5.1.1	Uterus		37
5.1.2	Eierstöcke		38
5.1.3	Eileiter		39
5.1.4	Vagina		39
5.1.5	Urethra		39
5.2	Äußere weibliche Geschlechtsorgane		40
5.2.1	Die Gefäßversorgung des äußeren weiblichen Genitals		40
5.2.2	Lymphgefäße der äußeren weiblichen Geschlechtsorgane		40

6	**Männliche Geschlechtsorgane**	**42**		
6.1	Hoden	42		
6.1.1	Lage und Aufbau	42		
6.1.2	Gefäßversorgung des Hodens	43		
6.1.3	Lymphabfluss des Hodens	43		
6.1.4	Innervation des Hodens	44		
6.2	Nebenhoden	44		
6.3	Samenleiter	44		
6.3.1	Lage des Samenleiters	44		
6.3.2	Gefäßversorgung des Samenleiters	44		
6.3.3	Lymphabfluss des Samenleiters	44		
6.3.4	Innervation des Samenleiters	44		
6.4	Bläschendrüse	44		
6.4.1	Lage der Bläschendrüsen	45		
6.5	Prostata	45
6.5.1	Lage und Aufbau der Prostata	45
6.5.2	Gefäßversorgung der Prostata	46
6.6	Männliche Harnröhre	46
6.7	Penis	46
6.7.1	Penisschwellkörper	47
6.7.2	Gefäßversorgung des Penis	47
6.7.3	Lymphabfluss aus dem Penis	47
6.7.4	Innervation der Schwellkörper	47

Anhang   **51**

DEINE FRAGE
VIELE ANTWORTEN

WWW.MEDI-LEARN.DE/SKR-FOREN

DIE FOREN FÜR JUNGE MEDIZINER

MEDI-LEARN
FOREN

1 Allgemeines

Fragen in den letzten 10 Examen: 12

In diesem ersten Kapitel wirst du die Lageverhältnisse der Organe in Bezug auf das Peritoneum kennen lernen. Nach dem Durcharbeiten dieses Kapitels hast du außerdem die wichtigsten Fakten über immer wieder gerne gefragte anatomische Strukturen des großen und kleinen Netzes und der Bursa omentalis gelernt.

1.1 Das Peritoneum, was ist das?

Das Peritoneum (Bauchfell) überzieht die Organe und die Bauchfellhöhle als seröse Haut. Durch die glatte Oberfläche des Peritoneums wird eine relativ reibungslose Verschiebbarkeit der Organe gewährleistet.
Man unterscheidet zwei Anteile des Peritoneums:
- das **viszerale Blatt** überzieht die Organoberfläche,
- das **parietale Blatt** kleidet die Bauchfellhöhle aus.

Die beiden Blätter des Peritoneums gehen an einer Umschlagfalte ineinander über. Diese Umschlagfalte befindet sich am Gefäßstiel/am Aufhängeapparat des jeweiligen Organs. Die sensible Innervation des Peritoneum parietale erfolgt unmittelbar unterhalb des Zwerchfells durch den N. phrenicus, ansonsten durch die segmentalen Spinalnerven. Das Peritoneum viscerale wird nicht sensibel innerviert.

1.2 Mesenterien

Mesenterien sind als Duplikaturen der Bauchfellblätter zu verstehen und enthalten Arterien, Venen, Nerven, Lymphgefäße und Fett. Sie dienen der Aufhängung, der Resorption, der Immunabwehr und der Fettspeicherung. Die Mesenterien enthalten Strukturen, die der Ernährung dienen (Arterien/Venen). In der mündlichen Prüfung kann man das fächerförmige Mesenterium des Dünndarms mit der Radix mesenterii, welche sich von der linken Seite der Flexura duodenojejunalis aus über die Pars ascendens duodeni zur rechten Darmbeinschaufel erstreckt, oder das Mesocolon transversum als gutes Beispiel für ein Mesenterium am Präparat zeigen.

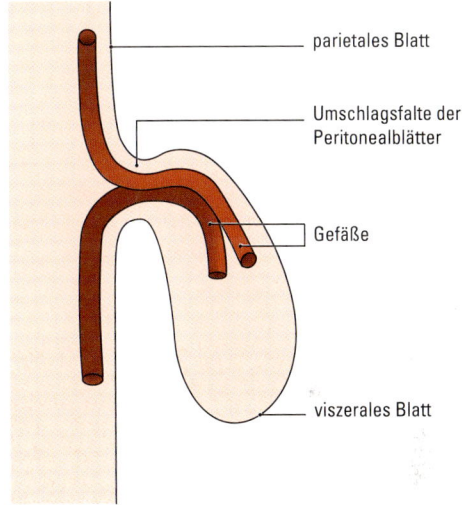

Abb. 1: Peritoneum/Gefäßstiel

medi-learn.de/6-ana7-1

Merke!

Alle Organe, die ein Mesenterium besitzen, liegen intraperitoneal.

1.3 Lageverhältnisse der Organe

Die Lageverhältnisse der Bauchorgane wurden bislang im Physikum immer gefragt, besonders gern am Beispiel von Pankreas und Duodenum. Es lohnt sich daher, hier etwas Zeit zu investieren. Die Lage der Bauchorgane kann man aus zwei Blickwinkeln beschreiben:

1 Allgemeines

intraperitoneal	primär retroperitoneal	sekundär retroperitoneal
Das Organ ist mit dem vizeralen Blatt des Peritoneums überzogen und besitzt einen Gefäßstiel oder eine Aufhängung, an welcher sich die Umschlagfalte des Peritoneums befindet.	Das Organ liegt hinter dem parietalen Blatt des Peritoneums im Retroperitonealraum und lag nie intraperitoneal.	Das Organ liegt ebenfalls hinter dem parietalen Blatt des Peritoneums im Retroperitonealraum, ist jedoch sekundär hierher verlagert worden und lag ursprünglich intraperitoneal.
– Leber und Gallenblase – Milz – Magen – Duodenum, pars superior – Jejunum und Ileum – Colon transversum und sigmoideum – Appendix vermiformis	– Aorta – V. cava inferior – Nieren – Nebennieren – Ureteren	– Pankreas – Duodenum, pars descendens, horizontalis und ascendens – Colon ascendens und descendens

Tab. 1: Lageverhältnisse der Bauchorgane

- im Bezug zum Peritoneum oder
- bezüglich der embryonalen Entstehung.

Organe, die in intraperitonealer Lage liegen, sind mit dem viszeralen Blatt des Peritoneums überzogen und haben einen Gefäßhilus, eine Anheftung oder ein Mesenterium, an welchem das viszerale Blatt in das parietale Blatt des Peritoneums übergeht. Dieser Bereich wird als Umschlagfalte des Peritoneums bezeichnet.
Wenn du dir die intraperitoneale Lage von Organen noch einmal vor Augen führen möchtest, kannst du dies mit Hilfe einer mittelgroßen Tüte tun. Du legst einen nicht zu großen Gegenstand in die Tüte und umfasst die Tüte von außen knapp über dem Gegenstand, sodass dieser von der Tüte eingeschnürt ist. Die Oberfläche des Gegenstandes ist nun von der Tüte überzogen, besitzt also ein viszerales Blatt. Wenn du jetzt die übrig bleibenden Tütenanteile oberhalb des Gegenstandes wie bei einer Tulpe einfaltest (umfasse den Gegenstand immer noch so, dass er das viszerale Blatt nicht verliert!), so liegt der Gegenstand mit seinem viszeralen Blatt in der Mitte dieser „Tulpe". Das viszerale Blatt geht nun unterhalb des Gegenstandes (in dem Bereich, den ich noch umfasse) in das

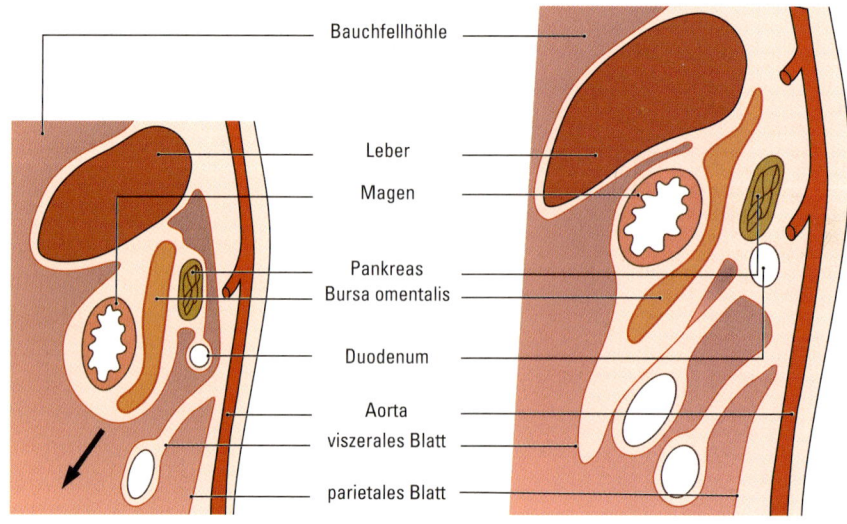

Abb. 2: Peritoneum

medi-learn.de/6-ana7-2

parietale Blatt an den Seitenwänden über. Der Gegenstand liegt folglich intraperitoneal.
Retroperitoneal gelegene Organe besitzen kein viszerales Blatt des Peritoneums. Sie liegen im Retroperitonealraum, eingebettet in Binde- und Fettgewebe. Dieser Retroperitonealraum liegt hinter (retro) dem parietalen Blatt der Bauchfellhöhle vor der Wirbelsäule und ist nicht als offener Spaltraum, sondern – wie oben erwähnt – als mit Fett- und Bindegewebe ausgefüllt zu verstehen. Organe, die in retroperitonealer Lage liegen, lassen sich weiterhin in eine primär oder sekundär retroperitoneale Lage untergliedern:
- Primär retroperitoneal gelegene Organe sind entwicklungsgeschichtlich außerhalb des Peritoneums entstanden und verbleiben auch dort. Beispiel: die Nieren.
- Sekundär retroperitoneal gelegene Organe wurden ursprünglich intraperitoneal angelegt (besaßen ein viszerales Blatt) und wurden erst später sekundär in den Retroperitonealraum verlagert. Beispiel: das Pankreas.

Head-Zonen sind Hautgebiete, die bestimmten inneren Organen zugeordnet sind. Erkrankungen oder Reizungen dieser Organe erzeugen über viszerokutane Reflexe Schmerzen im zugeordneten Hautareal (übertragener Schmerz).

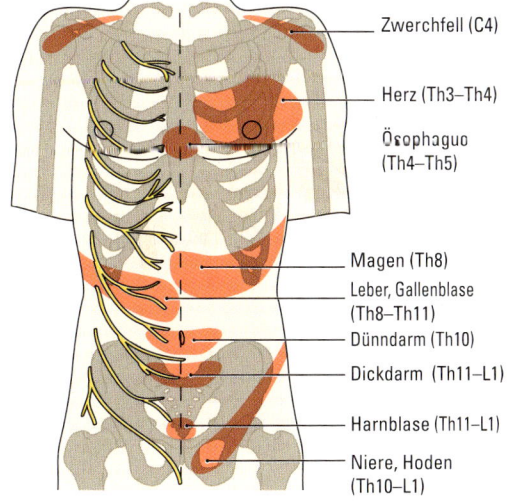

Abb. 3: Head-Zonen   medi-learn.de/6-ana7-3

In der Anatomie unterteilt man den Bauch in neun Regionen (s. Abb. 4, S. 3):
- Regio epigastrica (1)
- Regio hypochondriaca sinistra (2)
- Regio umbilicalis (3)
- Regio lateralis sinistra (4)
- Regio inguinalis sinistra (5)
- Regio pubica (6)
- Regio inguinalis dextra (7)
- Regio lateralis dextra (8)
- Regio hypochondriaca dextra (9)

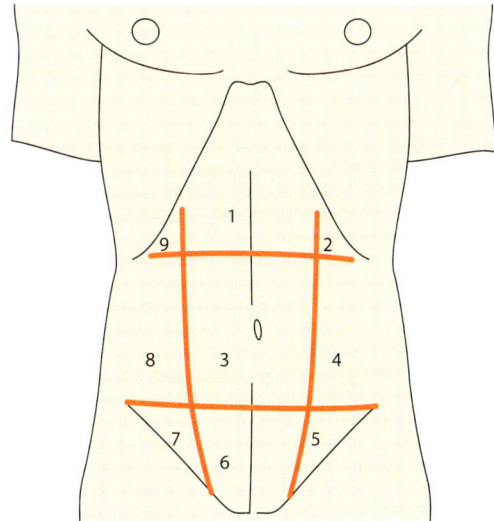

Abb. 4: Bauchregionen   medi-learn.de/6-ana7-4

1.4 Das große und das kleine Netz

In diesem Kapitel erhältst du eine Übersicht über die immer gerne gefragten makroskopischen Strukturen des Omentum majus (großes Netz) und des Omentum minus (kleines Netz). Es lohnt sich vor allem, die Bandstrukturen zu lernen, da sie in Prüfungen gerne gefragt werden und du damit leicht punkten kannst.

1.4.1 Omentum majus

Das große Netz liegt bei Eröffnung des Bauchraums auf dem Dünndarmgekröse und ist ein Organ, welches der lymphatischen Abwehr und der Fettspeicherung dient. Das Omen-

1 Allgemeines

tum majus ist an der großen Kurvatur des Magens, am Kolon und an der hinteren Leibeswand befestigt. Besondere Prüfungsrelevanz haben folgende Bandstrukturen, die Gefäße beinhalten oder als Halteapparat dienen:

Lig. gastrocolicum	Lig. gastrosplenicum	Lig. splenorenale
– spannt sich zwischen Magen und Colon transversum – beinhaltet die A. gastroomentalis sinistra et dextra	– zieht vom Magen zur Milz – beinhaltet die A. gastroomentalis sinistra und die Aa. gastricae breves	– beginnt an der linken Niere und zieht zum Milzhilus – beinhaltet die A. und V. splenica

Tab. 2: Bandstrukturen des Omentum majus

1.4.2 Omentum minus

Das kleine Netz bildet die ventrale Begrenzung der Bursa omentalis und spannt sich von der Leber zur kleinen Kurvatur des Magens und zur pars superior duodeni. Wichtige Bandstrukturen des Omentum minus im Überblick:

Lig. hepatoduodenale	Lig. hepatogastricum
zieht vom Duodenum zur Leberpforte und beinhaltet – die A. hepatica propria, – die V. portae und – den Ductus choledochus.	spannt sich von der Leber zur kleinen Kurvatur des Magens und beinhaltet die Aa. gastricae sinistra et dextra.

Tab. 3: Bandstrukturen des Omentum minus

1.5 Bursa omentalis

Die Bursa omentalis ist eine abgetrennte Körperhöhle im Abdominalraum, die im Rahmen der physiologischen Darm- und Magendrehung entstanden ist. Ihr einziger Zugangsweg aus dem Abdominalraum liegt hinter dem Lig. hepatoduodenale und wird als **Foramen epiploicum (= Foramen omentale)** bezeichnet. Wenn du deinen Finger hierdurch in den Vorhof der Bursa omentalis (Vestibulum bursae omentalis) vorschiebst, kannst du nach ventral das Omentum minus und nach dorsal die V. cava inferior tasten. Von besonderer Prüfungsrelevanz sind die begrenzenden Organe der Bursa omentalis, die in Tab. 4, S. 5 zusammengefasst sind.

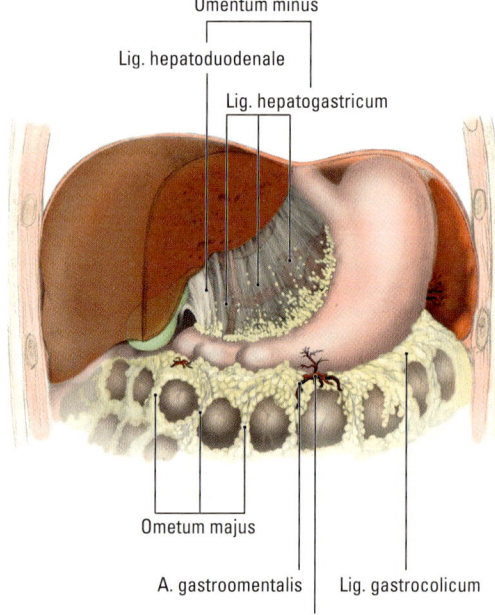

Abb. 5: Omentum majus und minus

medi-learn.de/6-ana7-5

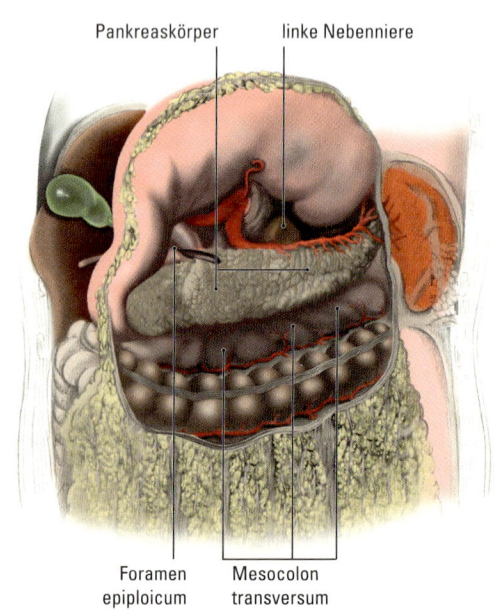

Abb. 6: Bursa eröffnet

medi-learn.de/6-ana7-6

1.6 Sympathikus und Parasympathikus des Abdomes

oben	unten	links	rechts	hinten	vorne
– Leber – Diaphragma (pars lumbalis)	– Mesocolon transversum	– Milz	– Leber – Lig. hepatoduodenale	– linke Niere und Nebenniere – Pankreas (mit Tuber omentale) – Aorta und Abgänge des Truncus coeliacus (A. hepatica communis, A. splenica, A. gastrica sinistra)	– Magen – Omentum minus – Lig. gastrocolicum

Tab. 4: Begrenzende Organe der Bursa omentalis

1.6 Sympathikus und Parasympathikus des Abdomens

Der Bauchsympathikus besteht aus dem lumbalen Grenzstrang, dem Truncus sympathicus, beiderseits der Wirbelsäule. Diesem entspringen meist vier Nn. splanchnici, welche den lumbalen Spinalnerven entstammen und in den Plexus enden. Der Parasympathikus verläuft über den N. vagus (Zielorgane: Kolon bis linke Flexur, intramurale Ganglien) und die Nn. splanchnici pelvici aus den sakralen Spinalnerven (Zielorgane: Kolon ab linker Flexur, Rektum, Harnblase, innere Geschlechtsorgane). Er ist der Gegenspieler des Sympathikus und verstärkt die Peristaltik und Drüsensekretion, bewirkt eine Kontraktion des Musculus detrusor vesicae, Erschlaffung des Sphinkters der Harnblase sowie Kontraktion des Uterus.

2 Gastrointestinaltrakt

📊 Fragen in den letzten 10 Examen: 33

Dieses Kapitel gibt dir eine kompakte Übersicht über die wichtigen Themen der letzten Examina. Nach dem Durcharbeiten hast du die komplette makroskopische Anatomie des Gastrointestinaltrakts vom Magen bis zum Rektum bearbeitet und kannst auch den Großteil der sehr speziellen Prüfungsfragen beantworten. Von besonderem Belang ist hier die Gefäßversorgung der einzelnen Organe. Spätestens wenn man das erste Mal im OP steht und von dem Operateur gefragt wird, welches Gefäß er da gerade abgebunden hat, wird man sich gerne an dieses Kapitel erinnern.

2.1 Magen

Der Magen ist ein muskulöses Hohlorgan, das den Speisebrei vermischt und mit Salzsäure und Enzymen versetzt. Der Speisebrei gelangt über den Ösophagus in die **Pars cardiaca**, passiert den **Fundus gastricus** und gelangt in das **Corpus gastricum**. Über die **Pars pylorica** (mit dem Musculus pylorus) gelangt der Speisebrei schließlich in das Duodenum. Der **M. pylorus** bildet die Grenze zwischen Magen und Duodenum. Seine Innervation erfolgt über spezielle Äste der Nn. vagi (Rr. pylorici), welche über das Omentum minus zum M. pylorus gelangen.

> **Übrigens ...**
> In einer stehenden Röntgenaufnahme zeigt sich häufig eine Luftblase im Bereich des Magenfundus, da dies der höchste Punkt des Magens ist. Der Magenfundus befindet sich in der Nähe des Zwerchfells.

Als wichtige makroskopische Strukturen solltest du die **Curvatura minor** mit dem Ansatz des **Omentum minus** und die **Curvatura major** mit dem Ansatz des **Omentum majus** kennen.

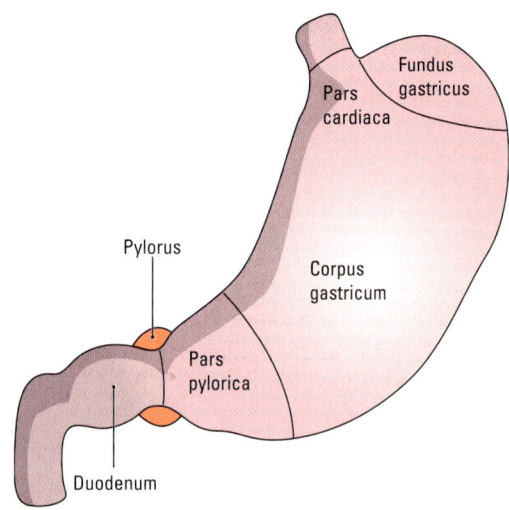

Abb. 7: Mageneinteilung *medi-learn.de/6-ana7-7*

Die arterielle Versorgung des Magens erfolgt über die **A. gastrica dextra** aus der A. hepatica propria und die **A. gastrica sinistra** aus dem Truncus coeliacus, die an der kleinen Kurvatur anastomosieren. An der großen Kurvatur anastomosieren die **A. gastroomentalis dextra** und die **A. gastroomentalis sinistra**, die aus Ästen des Truncus coeliacus entspringen. Die **Aa. gastricae breves** entsprechen kleinen Ästen der **A. splenica** und versorgen hauptsächlich den Magenfundus. Die Venen des Magens entsprechen von der Bezeichnung her den Arterien, und das in ihnen enthaltene Blut fließt in die Pfortader ab. Den Venenbogen der großen Kurvatur bilden V. gastroomentalis dextra (Abfluss über V. mesenterica superior) und V. gastroomentalis sinistra (Abfluss über V. splenica). Der Venenbogen der kleinen Kurvatur wird gebildet von V. gastrica sinistra und V. gastrica dextra (Abfluss direkt in V. portae). Hierzu siehe auch Kapitel 3.1.3, S. 19.

2.2 Truncus coeliacus

> **Merke!**
>
> Das venöse Blut der paarigen Bauchorgane fließt in die V. cava inferior ab, das der unpaarigen Bauchorgane in die V. portae!

2.2 Truncus coeliacus

Die Äste des Truncus coeliacus sind an der Versorgung der meisten Organe im Ober- und Mittelbauch beteiligt. Daher ist er für die Kenntnis des Gefäßverlaufs von großem Belang. Der Truncus coeliacus teilt sich in drei Äste:
1. die **A. gastrica sinistra**,
2. die **A. splenica** als stärksten Ast und
3. die **A. hepatica communis**.

Die **A. gastrica sinistra** liegt zunächst in der **Plica gastropancreatica**, einer Peritonealfalte an der Rückwand der Bursa omentalis. Anschließend verläuft die A. gastrica sinistra entlang der kleinen Magenkurvatur, wo sie mit der **A. gastrica dextra** anastomosiert. Die **A. splenica** verläuft entlang des Oberrands des Pankreas und zieht über das Lig. splenorenale zum Milzhilus. Bevor sie in den Milzhilus eintritt, zweigt sich die A. gastroomentalis sinistra von ihr ab, zieht über das Lig. gastrosplenicum zur großen Magenkurvatur und bildet dort mit der A. gastroomentalis dextra eine Anastomose. Die **A. hepatica communis** zieht nach rechts Richtung Leber und teilt sich in die A. hepatica propria und die A. gastroduodenalis auf. Die **A. hepatica propria** tritt in das Lig. hepatoduodenale ein und verläuft in diesem Band zusammen mit dem Ductus choledochus und der V. portae bis zur Leberpforte. Auf ihrem Weg zur Leber gibt die A. hepatica propria die A. gastrica dextra ab. Zumeist aus dem Ramus dexter der A. hepatica propria entspringt die A. cystica (für die Gallenblase). Die **A. gastroduodenalis** verläuft entlang der Rückseite der Pars superior duodeni, um sich dann in die A. gastroomentalis dextra (bildet eine Anastomose an der großen Magenkurvatur) und die A. pancreaticoduodenalis superior aufzuzweigen.

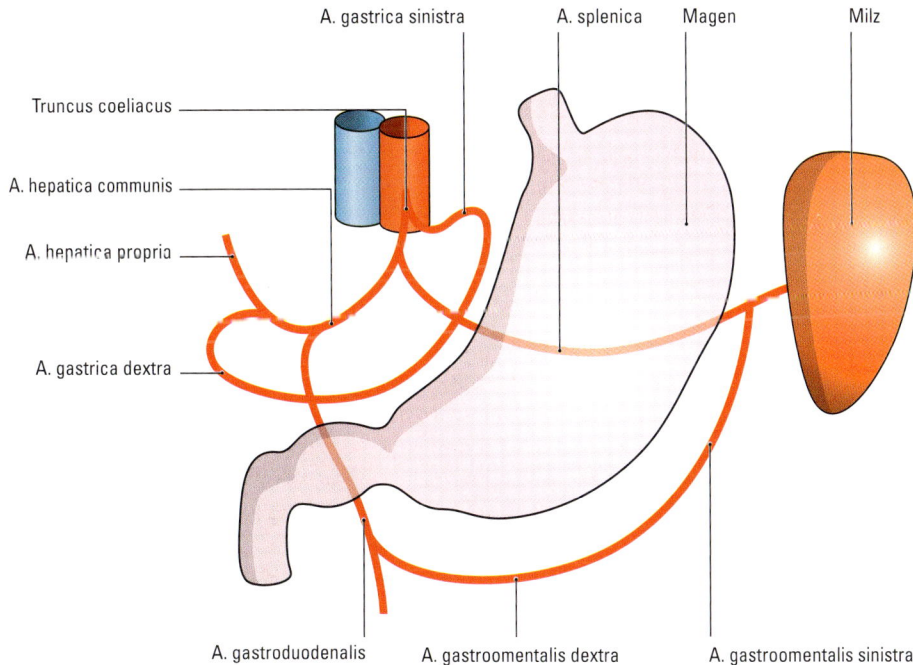

Abb. 8: Truncus coeliacus

medi-learn.de/6-ana7-8

2 Gastrointestinaltrakt

2.3 Dünndarm

Der Dünndarm unterteilt sich in folgende Darmanteile:
- Duodenum,
- Jejunum,
- Ileum.

Er erstreckt sich vom Bulbus duodeni bis zu seinem Übergang in das Caecum an der Valva ileocaecalis (= Bauhin-Klappe).

2.3.1 Duodenum

Das Duodenum hat eine Länge von circa 30 cm und die Form eines C. Das duodenale C umfasst den Kopf der **Bauchspeicheldrüse**.
Fett- und Aminosäuren führen zur Ausschüttung von **Cholezystokinin** aus enteroendokrinen Zellen (I-Zellen) des Duodenums. Cholezystokinin stimuliert die Pankreassekretion und die Gallenblasenkontraktion, inhibiert die Magentätigkeit und vermittelt zentralnervös ein Sättigungsgefühl.

Anhand der Lageverhältnisse kann man vier Abschnitte des Duodenums unterteilen:

Pars superior	Pars descendens	Pars horizontalis	Pars ascendens
intraperitoneal	sek. retroperitoneal	sek. retroperitoneal	sek. retroperitoneal

Tab. 5: Abschnitte des Duodenums

Die **Pars superior duodeni** steht über das **Lig. hepatoduodenale** mit der Leber in Verbindung (s. Tab. 6, S. 9). Bei einem Ulcus duodeni besteht hier über die hinter dem **Bulbus duodeni** ziehende **A. gastroduodenalis** die Gefahr einer arteriellen Blutung. In der **Pars descendens** münden der **Ductus choledochus** und der Ductus pancreaticus auf die **Papilla duodeni major** (Vateri). Der nicht immer vorhandene Ductus pancreaticus accessorius mündet häufig etwas weiter kranial auf die Papilla duodeni minor. Die **Pars horizontalis** wird von der A. und V. mesenterica superior überkreuzt und geht in die **Pars ascendens** über.

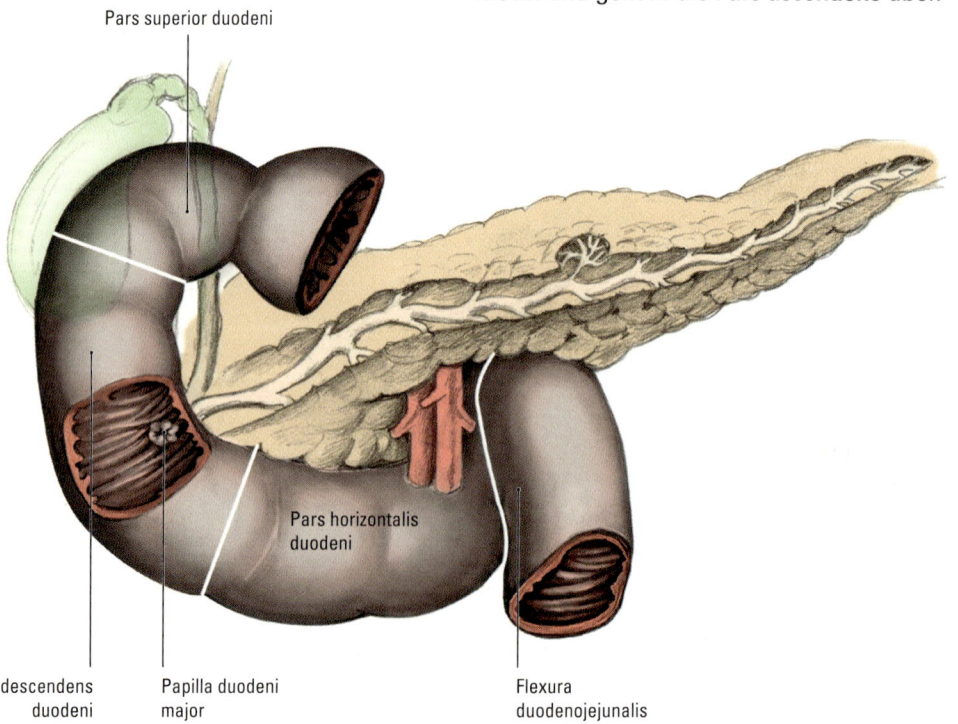

Abb. 9: Duodenum

medi-learn.de/6-ana7-9

2.3.2 Jejunum und Ileum

Pars superior	Pars descendens	Pars horizontalis	Pars ascendens/Flexura
Ductus choledochus	Ductus choledochus	Pankreaskopf	Pankreas
Gallenblase	Pankreaskopf	Aorta/V. cava inferior	Colon transversum
Leber	rechte Niere	3. LWK	1. bis 2. LWK
Pankreaskopf	Colon transversum	Colon transversum	
rechte Niere		A. und V. mesenterica superior	
1. LWK			

Tab. 6: Organe mit enger anatomischer Beziehung zum Duodenum

Am Übergang zum Jejunum befindet sich der Recessus duodenalis superior, der durch die in einer Peritonealfalte verlaufende V. mesenterica inferior begrenzt wird. Das Duodenum wird über Äste des Truncus coeliacus und der A. mesenterica superior arteriell versorgt.

2.3.2 Jejunum und Ileum

An der **Flexura duodenojejunalis** (Höhe L2) geht das Duodenum in das **Jejunum** über. Ab dieser Stelle liegen die restlichen Dünndarmanteile bis zur Valva ileocaecalis wieder intraperitoneal. Das Jejunum und das **Ileum** bilden das eigentliche Dünndarmkonvolut und haben eine Länge von mehreren Metern (5–6 m). Dabei nimmt das Jejunum die oberen 2/5, das Ileum die unteren 3/5 ein. In diesem Darmbereich findet die hauptsächliche Resorption von Nährstoffen aus dem Darmlumen statt. Das gesamte Jejunum und Ileum besitzen ein Mesenterium, in welchem die versorgenden Gefäße – **Aa. jejunales** und **Aa. ileales** – verlaufen. Diese sind Äste der **A. mesenterica superior** und bilden untereinander zahlreiche kleine Anastomosen. Die A. mesenterica superior entspringt hinter dem Corpus des Pankreas und zieht dann über die Pars horizontalis duodeni in die Radix mesenterii. Das venöse Blut aus dem Dünndarm fließt über die V. mesenterica superior in die Pfortader ab.

Eine besonders gerne gefragte Struktur in der schriftlichen und den mündlichen Prüfungen ist das Meckeldivertikel.

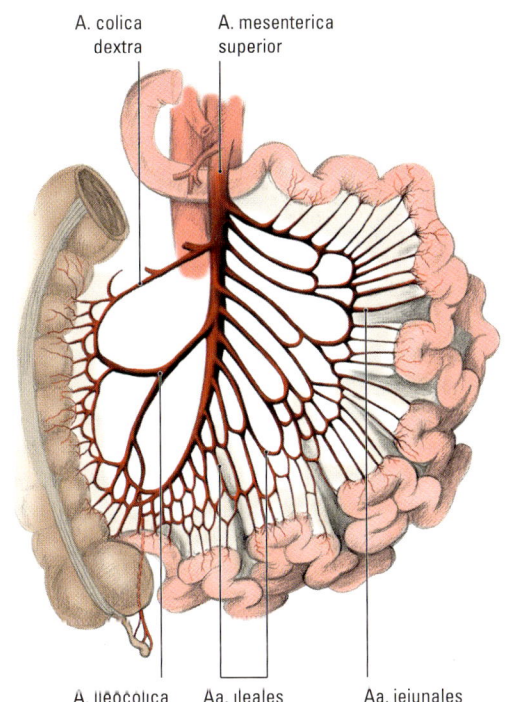

Abb. 10: A. mesenterica sup.

medi-learn.de/6-ana7-10

Das **Meckeldivertikel** ist ein Rest des Ductus omphaloentericus (vitellinus), der als ehemalige Verbindung zwischen Darmkanal und embryonalem Dottersack vorhanden war, und findet sich bei etwa zwei Prozent der Bevölkerung. Ein Meckeldivertikel kann versprengte Magenschleimhaut enthalten, welche – sofern sie Belegzellen enthält – Salzsäure produzieren kann.

2 Gastrointestinaltrakt

Diese Salzsäure greift die Schleimhaut des Darms an und verursacht so Schmerzen ähnlich einer Appendizitis. Zu suchen ist ein eventuelles Meckeldivertikel im terminalen Ileum, etwa 60–90 cm proximal der Ileocaecalklappe.

2.4 Dickdarm

Der Dickdarm beginnt mit dem **Caecum**, an den sich die **Appendix vermiformis** (Wurmfortsatz) anschließt.

Eine Entzündung der Appendix vermiformis wird umgangssprachlich fälschlicherweise als Blinddarmentzündung bezeichnet. Korrekterweise sollte man von einer Appendizitis sprechen. Zur klinischen Untersuchung bei Appendizitis gehören:

- **McBurney-Punkt**: Druckschmerz auf der Linie zwischen Nabel und rechter Spina iliaca anterior superior.
- **Lanz-Punkt**: Druckschmerz im lateralen Drittel zwischen äußerem und mittlerem Drittel rechts auf der Linie zwischen beiden Spinae iliacae anteriores superiores.
- **Rovsing-Zeichen**: Schmerz bei retrogradem Darmausstreichen Richtung Appendix.

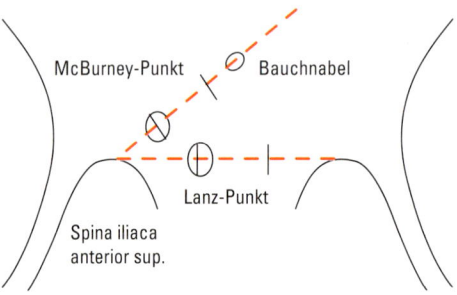

Abb. 11: Druckpunkte Appendizitis

medi-learn.de/6-ana7-11

In etwa 2/3 der Fälle liegt die Appendix retrozäkal, hinter dem Caecum hochgeschlagen. In 1/3 der Fälle hängt sie in das kleine Becken.

Über das Ostium ileale (Bauhin-Klappe) ist das Caecum mit dem terminalen Ileum verbunden. Die Bauhin-Klappe verhindert den Reflux von Darminhalt des Dickdarms in den Dünndarm. Ihre Schleimhautlippen sind durch Muskelzüge aus dem Stratum circulare der Tunica muscularis des Ileums verstärkt. Topographisch liegt das Caecum in der Fossa iliaca.

Das Caecum setzt sich in das **Colon ascendens** fort. Dieses bildet zusammen mit dem **Colon transversum**, **Colon descendens** und **Colon sigmoideum** den Kolonrahmen. Seine Hauptfunktion liegt in der Wasserresorption und der damit verbundenen Eindickung des Speisebreis.

2.4.1 Besonderheiten im Wandbau des Dickdarms

Der Dickdarm ist anhand von Taenien und Haustren sicher zu identifizieren, da diese Strukturen nur in der Dickdarmwand vorkommen. Besonderheiten sind immer gerne gefragte Prüfungsthemen; du solltest dir daher dieses Kapitel gut einprägen.

Taenien

Taenien entsprechen in Streifen zusammengerückter Längsmuskulatur. Am gesamten Kolon und Caecum sind jeweils drei dieser Taenien vorhanden:

- **Taenia libera** (an allen Abschnitten zu sehen),
- **Taenia mesocolica** (findet sich am Colon transversum als Ansatz des Mesocolon transversum) und
- **Taenia omentalis** (markiert die Ansatzstelle des Omentum majus im Bereich des Colon transversum).

An den sekundär retroperitoneal gelegenen Dickdarmabschnitten ist nur eine Taenia libera zu sehen, da die anderen beiden Taenien in diesem Bereich an der Rückseite des Darms liegen. Durch Kontraktion dieser Längsmuskulatur wird der Dickdarm verkürzt und so der Speisebrei vorwärts transportiert.

2.4.2 Lageverhältnisse des Dickdarms

Haustren

Als Haustren bezeichnet man die Ausbuchtungen des Dickdarms, die durch die Kontraktion der Quermuskulatur des Kolons zustande kommen. Da diese Kontraktionen nicht ortsgebunden sind, sind Haustren nicht auf einer Stelle fest fixiert und können so den Speisebrei weitertransportieren.

> **Übrigens ...**
> Ein Tipp zur Identifizierung der Appendix vermiformis: einfach die Taenien am Caecum in Richtung Appendix vermiformis verfolgen. Alle drei Taenien laufen am unteren Pol des Caecums zum Ansatz der Appendix vermiformis zusammen.

Plicae semilunares

Plicae semilunares entstehen im Darmlumen durch die Kontraktion der Quermuskulatur des Kolons und sind somit nicht ständig vorhanden. Anhand des Namens kannst du dir herleiten, dass es sich hier um halbmondförmige Falten handelt.

Appendices epiploicae

Appendices epiploicae sind Fettanhängsel, die an der Außenseite des Kolons befestigt sind, der Fettspeicherung dienen und sonst keine erwähnenswerte Funktion besitzen.

2.4.2 Lageverhältnisse des Dickdarms

Das Caecum (Caecum mobile) ist variabel an der Vorder- und Hinterseite mit viszeralem Peritoneum bedeckt, liegt intraperitoneal und in der Fossa inguinalis auf dem M. iliacus. In etwa 8 % der Fälle ist das Caecum breit im Bett fixiert und wird dann Caecum fixum genannt. Die Appendix vermiformis geht medial kaudal vom Caecum ab. Das **Colon ascendens** liegt bis zur Flexura coli dextra sekundär retroperitoneal und geht dann in das intraperitoneal (hat ein Meso) gelegene **Colon transversum** über. Ab der Flexura coli sinistra liegt das **Colon descendens** wieder sekundär retroperitoneal und geht dann in das intraperitoneal gelegene **Colon sigmoideum** über.

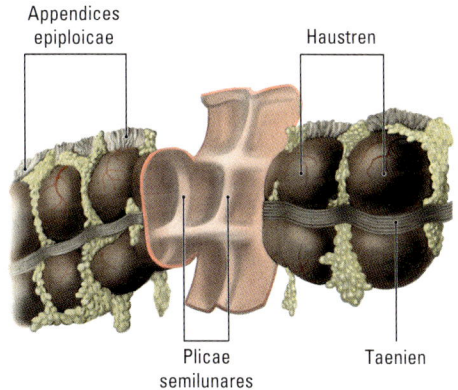

Abb. 12: Haustren und Taenien

medi-learn.de/6-ana7-12

Die Radix (Wurzel) des **Mesocolon sigmoideum** bildet einen Knick, den **Recessus intersigmoideus**. Hinter ihm verläuft retroperitoneal der **linke Ureter**.

2.4.3 Gefäßversorgung des Dickdarms

Der Dickdarm wird arteriell über die **A. mesenterica superior** und **A. mesenterica inferior** versorgt. A. mesenterica superior und inferior bilden an der linken Kolonflexur die **Riolan-Anastomose**.
Die **A. mesenterica superior** gibt die **A. ileocolica** ab für die distalen Ileumanteile (Aa. ileales), das Caecum (A. caecalis) und die Appendix vermiformis (A. appendicularis). Die Versorgung des Colon ascendens und des Colon transversum erfolgt hauptsächlich aus zwei weiteren großen Ästen, der **A. colica dextra** und der **A. colica media**.

2 Gastrointestinaltrakt

Caecum mobile	Caecum fixum	Colon ascendens	Colon transversum	Colon descendens	Colon sigmoideum
intraperitoneal	sek. retroperitoneal	sek. retroperitoneal	intraperitoneal	sek. retroperitoneal	intraperitoneal

Tab. 7: Abschnitte des Colons

Die **A. mesenterica inferior** gibt als ersten Ast die **A. colica sinistra** zur Versorgung des Colon descendens ab. Sie anastomosiert mit dem zweiten Ast, der **A. sigmoidea**, die das Colon sigmoideum versorgt.
Die Bezeichnung der Venen entspricht weitgehend der der Arterien. Das in ihnen enthaltene venöse Blut fließt in das Pfortadersystem ab.

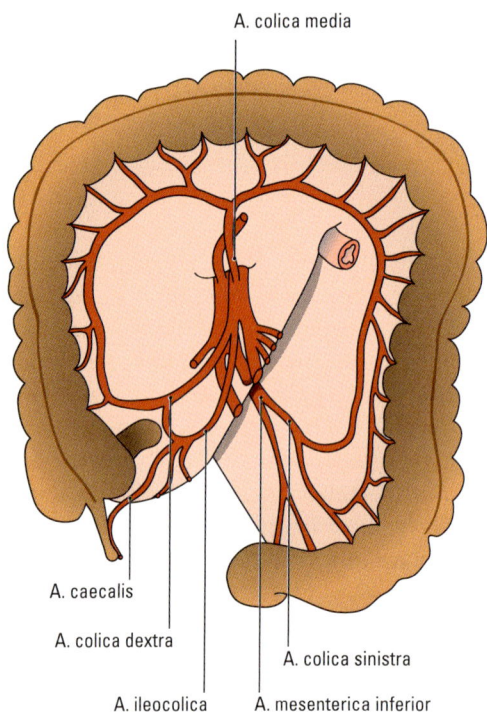

Abb. 13: Arterien Colon   medi-learn.de/6-ana7-13

2.4.4 Parasympathische Innervation des Dickdarms

Eine Besonderheit der parasympathischen Innervation des Darms ergibt sich daraus, dass bis zum **Cannon-Böhm-Punkt** an der linken Kolonflexur die Innervation über den **N. vagus** stattfindet. Die weiter distal gelegenen Anteile werden durch den **sakralen Parasympathikus** innerviert.

2.4.5 Lymphabfluss Dickdarm

Die intraperitonealen Abschnitte des Darms werden durch Lymphbahnen drainiert, die in den Mesenterien verlaufen. Unterschieden werden Lnn. mesenterici superiores und Lnn. mesenterici inferiores. Die Lnn. mesenterici superiores nehmen die Lymphe aus Jejunum, Ileum, Caecum, Colon ascendens und Colon transversum auf. Die Lnn. mesenterici inferiores empfangen die Lymphe aus dem Colon descendens und dem Colon sigmoideum.

2.5 Rektum

Das Rektum ist der letzte Abschnitt des Dickdarms und unterteilt sich in das **Rectum mobile** (schließt sich an das Colon sigmoideum an und liegt noch intraperitoneal) und in das **Rectum fixum** mit extraperitonealer Lage (macht den größten Rektumanteil aus).
Makroskopisch unterteilt man das Rektum in eine **Ampulla recti** mit den **Plicae transversae recti** (innere Querfalten) und den **Canalis analis**, der die **Zona columnaris** mit den **Columnae anales** beinhaltet und am Anus endet.

2.5.1 Verschlusssystem des Rektums

Das Sphinktersystem des Rektums beinhaltet unterschiedliche Muskeln und Muskelarten. Der vegetativ (Sympathikus, Parasympathikus) innervierte **M. sphincter ani internus** besteht aus glatter Muskulatur, umschließt den Analkanal als Ringmuskel und unterliegt einer Dauerkontraktion, die sich zur Defäkation entspannt. Der **M. sphincter ani externus** besteht aus querge-

2.5.1 Verschlusssystem des Rektums

streifter Muskulatur, sitzt dem Analkanal und dem M. sphincter ani internus auf und wird durch den N. pudendus innerviert. Zur Feinabdichtung des Afters dient das **Corpus cavernosum recti,** welches arteriell aus der **A. rectalis superior** versorgt wird und sich in den Columnae anales in das Lumen verwölbt. Ein weiterer wichtiger stuhlkontinenzerhaltender Muskel ist der **M. levator ani**. Er entspringt am Os pubis, der Faszie des M. obturatorius internus und am Os coccygis. Das Rektum wird so trichterförmig umfasst und zieht durch das **Levatortor**.

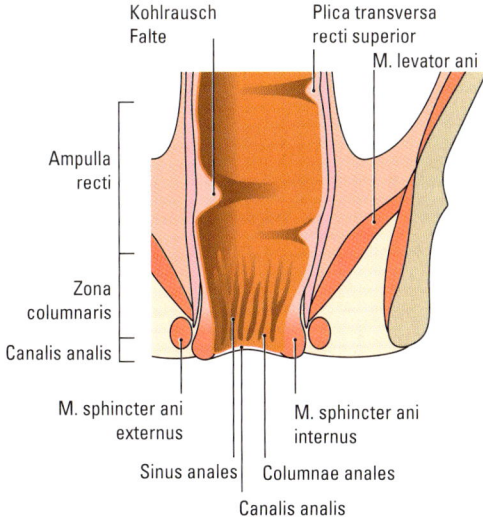

Abb. 14: Rektum in der Übersicht

medi-learn.de/6-ana7-14

Die Innervation des M. levator ani erfolgt aus dem Plexus sacralis. Er bildet mit der Gesamtheit seiner Muskelfasern das Diaphragma pelvis.
Die arterielle Versorgung des Rektums erfolgt aus der **A. mesenterica inferior**, der **A. iliaca interna** und der **A. pudenda interna**. Die oberen Rektumanteile werden durch die **A. rectalis superior** (entspringt aus der A. mesenterica inferior) versorgt. Im mittleren Rektumanteil erfolgt die arterielle Versorgung über die **A. rectalis media**, die aus der **A. iliaca interna** stammt und das Rektum oberhalb des **M. levator ani** erreicht. Die Versorgung der unteren Rektumanteile erfolgt durch die A. rectalis inferior, die aus der **A. pudenda interna** (Ast der A. iliaca interna) entspringt.

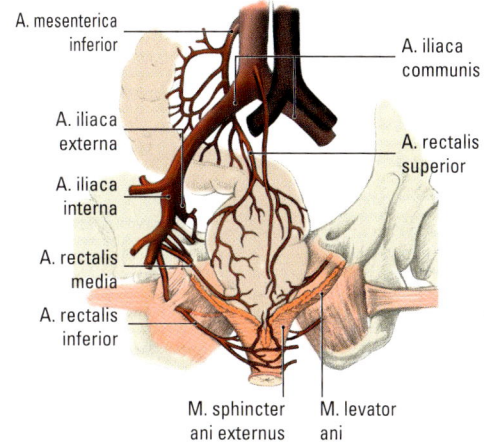

Abb. 15: Arterielle Gefäßversorgung Rektum

medi-learn.de/6-ana7-15

Der venöse Abfluss erfolgt ebenfalls über drei große Gefäße: Das venöse Blut der oberen Rektumanteile gelangt über die **V. rectalis superior** in die **V. mesenterica inferior** und über diese in die **V. portae**. Von den mittleren und unteren Rektumbereichen fließt das venöse Blut dagegen über die **V. rectalis inferior** und über die **V. rectalis media** in die **V. iliaca interna**. Die V. iliaca interna mündet schließlich in die **V. cava inferior**.

> **Übrigens ...**
> Hier noch ein Praxistipp: Zäpfchen nie zu weit einführen, da sie sonst über die V. mesenterica inferior resorbiert werden, in den Leberkreislauf gelangen und dadurch abgeschwächt werden. In den unteren Anteilen des Rektums werden die Wirkstoffe dagegen in die V. cava inferior abgegeben und gelangen so direkt in den systemischen Kreislauf.

DAS BRINGT PUNKTE

Bisher wurden zum **allgemeinen** Themengebiet nur **Lageverhältnisse** und **Bandstrukturen** gefragt. Du kannst deshalb einfach punkten, wenn du dir folgende Sachverhältnisse einprägst:

Zu den Lageverhältnissen solltest du wissen, dass
- die **intraperitoneal** gelegenen Organe (Leber, Milz, Colon transversum, Colon sigmoideum, Pars superior duodeni) alle ein Mesenterium oder einen Gefäßstiel haben und beweglich fixiert sind und
- **retroperitoneal** gelegene Organe dagegen fixiert und nur wenig verschiebbar sind.

Außerdem solltest du die Unterscheidung von primär retroperitoneal gelegenen Organen (Nieren, Nebennieren, Ureteren, Aorta, V. cava inferior) und von sekundär retroperitoneal gelegenen Organen (Pankreas, Colon ascendens, Colon descendens, alle Teile des Duodenums bis auf Pars superior duodeni) parat haben.

Gerne werden auch die Bandstrukturen des großen und kleinen Netzes gefragt. Zu den **Bandstrukturen des Omentum majus** solltest du dir deshalb Folgendes einprägen:
- Das Lig. gastrocolicum zieht vom Magen zum Colon transversum und enthält die A. und V. gastroomentalis.
- Das Lig. splenorenale zieht von der linken Niere zum Milzhilus und enthält die **A. und V. splenica**.

Zu den **Bandstrukturen des Omentum minus** solltest du wissen, dass
- das Lig. hepatoduodenale vom Duodenum zur Leberpforte zieht und die A. hepatica propria, den Ductus choledochus und die V. portae enthält.

Im Kapitel **Gastrointestinaltrakt** liegt das Hauptaugenmerk auf der **Gefäßversorgung der einzelnen Darmanteile**. Wenn du dir hierzu die drei großen Gefäßstämme (Truncus coeliacus, A. mesenterica sup. und inf.) und ihre Versorgungsgebiete einprägst, kannst du leicht Punkte machen. Weiterhin gibt es ein paar Fakten, auf die im schriftlichen Examen besonderer Wert gelegt wird (Columnae anales und Lageverhältnisse). Diese Besonderheiten sind für dich hier noch mal erklärend zusammengefasst und bringen dir so hoffentlich Extrapunkte im Examen.

Beim **Truncus coeliacus** sind die gebildeten Anastomosen und der Verlauf der A. hepatica communis sowie ihre Äste besonders wichtig:
- Die drei Hauptäste sind die A. gastrica sinistra, die A. splenica als stärkster Ast und die A. hepatica communis.
- Die A. gastrica sinistra bildet mit der A. gastrica dextra (aus der A. hepatica propria) an der kleinen Magenkurvatur eine Anastomose.
- Die A. hepatica communis zweigt sich in die A. hepatica propria (zieht im Lig. hepatoduodenale zur Leber) und die A. gastroduodenalis auf. Bei einem Ulkus besteht Blutungsgefahr in der Pars superior des Duodenums.
- Aus der A. gastroduodenalis entspringt die A. gastroomentalis dextra, die an der großen Magenkurvatur mit der A. gastroomentalis sinistra anastomosiert.
- Die A. splenica zieht am Oberrand des Pankreas zur Milz und von ihr zweigt die A. gastroomentalis sinistra ab.

Sehr gerne wird auch nach der **Pars superior duodeni** gefragt. Du solltest dazu wissen, dass die Pars superior duodeni intraperitoneal liegt, die restlichen Anteile des Duodenums jedoch sekundär retroperitoneal liegen.

DAS BRINGT PUNKTE

Zur **A. mesenterica superior** solltest du dir Folgendes merken:
Die A. mesenterica superior versorgt den gesamten Dünndarm, Blinddarm, das Colon ascendens und Teile des Colon transversum. Ihre Äste anastomosieren an der linken Kolonflexur mit Ästen der A. mesenterica inferior.

Der nächste wichtige Ast der Aorta abdominalis ist die **A. mesenterica inferior**. Bitte merke dir Folgendes:
Die A. mesenterica inferior bildet über einen ihrer Äste – die A. colica sinistra – eine Anastomose mit der A. colica media (Ast der A. mesenterica superior). Ihr Versorgungsgebiet reicht von der linken Colonflexur bis zu den oberen Rektumanteilen, die sie über die A. rectalis superior versorgt.

Auch im Bereich des **Dickdarms** gilt es wieder die Besonderheiten der Lageverhältnisse zu beachten.
- Alles was ein „Meso" hat, liegt intraperitoneal: Colon transversum, Colon sigmoideum, Caecum mobile, Rectum mobile.
- Alle anderen Kolonanteile (Colon ascendens, Colon descendens, Caecum fixum) liegen sekundär retroperitoneal. Sie wurden ursprünglich intraperitoneal angelegt und kamen dann sekundär retroperitoneal zum Liegen.
- Das Rektum fixum liegt extraperitoneal.

Von besonderem Interesse ist im Bereich des **Rektums** die Zona columnaris mit den Columnae anales und die Gefäßversorgung:
- Die Columnae anales dienen dem gasdichten Verschluss des Rektums. Sie entsprechen einem arteriovenösen Gefäßgeflecht, das arterielle Zuflüsse aus der A. mesenterica inferior über die A. rectalis superior erhält. Dieser besondere Punkt, dass hier eine Mitversorgung über die A. mesenterica inferior erfolgt, wurde schon in mehreren Examina gefragt.
- Die Gefäßversorgung des Rektums ist durch den unterschiedlichen Ursprung der drei versorgenden Arterien ebenfalls ein immer wieder gerne gefragtes Prüfungsthema.

Die Versorgung erfolgt über drei Arterien:
- A. rectalis superior (aus der A. mesenterica inferior),
- A. rectalis media (aus der A. iliaca interna) und
- A. rectalis inferior (aus der A. pudenda interna).

Die **Muskelwand der unteren Rektumabschnitte** wird
- oberhalb des Beckenbodens durch die A. rectalis media,
- unterhalb des Beckenbodens durch die A. rectalis inferior versorgt.
- Der venöse Abfluss ist vor allem im Bezug auf den Metastasierungsweg von Karzinomen von Belang.
- Das venöse Blut der oberen Rektumanteile fließt in den Pfortaderkreislauf ab. Dies hat zur Folge, dass es im Falle eines Karzinoms zu Lebermetastasen kommen kann.
- Die unteren Rektumanteile haben ihren venösen Abfluss dagegen in die V. iliaca interna. Die V. iliaca interna mündet in die V. cava inferior. Von hier gelangt das venöse Blut über den rechten Vorhof und die rechte Herzkammer in den Lungenkreislauf. Wenn ein Karzinom in diesen unteren Rektumbereichen liegt, kann es auf diesem Weg zu Lungenmetastasen kommen.

FÜRS MÜNDLICHE

Nach den Lageverhältnissen der Organe im Bauchraum und dem Kapitel zum Gastrointestinaltrakt kannst du jetzt dein Wissen anhand der Fragen aus unserer Prüfungsprotokoll-Datenbank überprüfen.

1. Erklären Sie bitte, was man unter retroperitonealer Lage versteht.

2. Erläutern Sie bitte den Begriff intraperitoneale Lage.

3. Sagen Sie, was ist das Lig. hepatoduodenale?

4. Zählen Sie bitte die Organe auf, mit denen die Bursa omentalis in topografischer Beziehung steht.

5. Was ist die klinische Bedeutung der Bursa omentalis? Kennen Sie die operativen Zugangswege?

6. Erklären Sie uns die arterielle Versorgung des Magens.

7. Was ist ihrer Meinung nach die Papilla duodeni major?

8. Welche Funktionen erfüllt v. a. das terminale Ileum? Was muss bei Fehlen des terminalen Ileum substituiert werden?

9. Welche Anastomosen im Bereich des Dickdarms kennen Sie?

10. Haben Sie eine Erklärung, warum Rektumkarzinome sowohl in die Lunge als auch in die Leber metastasieren können?

11. Was sind Taenien und wo finden Sie sie?

1. Erklären Sie bitte, was man unter retroperitonealer Lage versteht.
Das Organ liegt hinter dem parietalen Blatt des Peritoneums im retroperitonealen Fettgewebe.

2. Erläutern Sie bitte den Begriff intraperitoneale Lage.
Das Organ ist mit dem viszeralen Blatt des Peritoneums überzogen und besitzt an seinem Hilus oder Mesenterium eine Umschlagfalte, an der das viszerale Blatt des Peritoneums in das parietale Blatt des Peritoneums umschlägt.

3. Sagen Sie, was ist das Lig. hepatoduodenale?
Das Lig. hepatoduodenale ist als Teil des Omentum minus eine Bandverbindung zwischen der Leber und dem Duodenum und enthält die Pfortader, den Ductus choledochus und die A. hepatica propria.

4. Zählen Sie bitte die Organe auf, mit denen die Bursa omentalis in topografischer Beziehung steht.
Die Bursa omentalis besitzt topografische Beziehungen zu folgenden Organen: Leber, Pankreas, Milz, Mesocolon transversum, Magen, linke Niere, linke Nebenniere, Lig. hepatoduodenale.

5. Was ist die klinische Bedeutung der Bursa omentalis? Kennen Sie die operativen Zugangswege?
Die Bursa kann als Spaltraum eine große Menge Flüssigkeit fassen, v. a. bei Ulkusblutungen. Zudem ist sie Zugangsweg zum Pankreas über das Lig. gastrocolicum, Mesocolon transversum oder Omentum minus.

FÜRS MÜNDLICHE

6. Erklären Sie uns die arterielle Versorgung des Magens.
Über die A. gastrica sinistra (direkter Ast aus dem Truncus coeliacus) und die A. gastrica dextra (Ast der A. hepatica propria). Weiterhin über die A. gastroomentalis sinistra (Ast aus der A. splenica) und A. gastroomentalis dextra (entspringt der A. gastroduodenalis).

7. Was ist ihrer Meinung nach die Papilla duodeni major?
Die Papilla duodeni major ist die gemeinsame Mündungsstelle von Ductus pancreaticus und Ductus choledochus in der Pars descendens duodeni.

8. Welche Funktionen erfüllt v. a. das terminale Ileum? Was muss bei Fehlen des terminalen Ileums substituiert werden?
Resorption von Vitamin B_{12}, Cobalamin und Gallensäuren. Bei Fehlen: Substitution von Vitamin B_{12} und fettlöslichen Vitaminen, Cobalamin, Calcium, Restriktion der Fettaufnahme.

9. Welche Anastomosen im Bereich des Dickdarms kennen Sie?
Die A. mesenterica superior anastomosiert über die A. colica media mit der A. colica sinistra der A. mesenterica inferior (Riolan-Anastomose).

10. Haben Sie eine Erklärung, warum Rektumkarzinome sowohl in die Lunge als auch in die Leber metastasieren können?
Die venösen Abflüsse des Rektums erfolgen in den unteren Anteilen über die V. iliaca interna in die V. cava inferior und so zur Lunge. Die oberen Rektumanteile fließen über die V. mesenterica inferior in die V. portae und somit in die Leber.

11. Was sind Taenien und wo finden Sie sie?
Zu finden sind Taenien im Dickdarm. Sie entsprechen zusammengerückten Streifen der Längsmuskulatur. Man unterscheidet eine Taenia libera, eine Taenia mesocolica und eine Taenia omentalis. An den sek. retroperitoneal gelegenen Kolonanteilen sieht man jedoch nur die Taenia libera.

Pause

Mach mal kurz Pause! Und gönn dir 'nen Lacher ...

3 Leber, Gallenblase, Pankreas und Milz

📊 Fragen in den letzten 10 Examen: 22

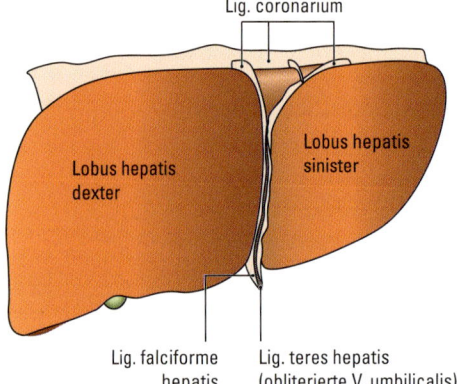

Abb. 16: Leber ventral — medi-learn.de/6-ana7-16

Die Leber und die Gallenblase sind übersichtliche Gebiete der makroskopischen Anatomie. Der Schwerpunkt dieses Kapitels befasst sich mit den topografischen Gesichtspunkten, die immer wieder geprüft werden. Ein weiteres besonderes Augenmerk solltest du auf den Verlauf der ableitenden Gallenwege legen.

3.1 Leber

Die Leber ist quasi das Labor unseres Körpers: In ihr finden zahlreiche Stoffwechselvorgänge statt: Sie dient als Vitamin-B_{12}-Speicher, ist eine exokrine Drüse (mit der Gallenflüssigkeit als Produkt) und produziert wichtige Faktoren für die Blutgerinnung. Sie ist am Zwerchfell fixiert, somit atemverschieblich und liegt intraperitoneal unter dem rechten Rippenbogen.

3.1.1 Leberoberfläche

Man kann die Leberoberfläche in eine **Facies diaphragmatica**, die dem Zwerchfell anliegt, und eine **Facies visceralis** auf der Leberrückseite unterteilen. Betrachtet man die Leber von ventral, so sieht man auf den größeren **rechten Leberlappen** und den kleineren **linken Leberlappen**. Das **Lig. falciforme** teilt den linken vom rechten Leberlappen und enthält an seinem freien Ende das **Lig. teres hepatis**, das aus der obliterierten V. umbilicalis entstanden ist.

Blickt man von kaudal auf die Leber, so kann man vier Leberlappen unterscheiden: den **rechten** und den **linken Leberlappen**, zwischen diesen beiden einen oben gelegenen **Lobus caudatus** und den unten gelegenen **Lobus quadratus**. Zwischen Lobus caudatus und linkem Leberlappen erblickt man das **Lig. venosum**, das den Rest des Ductus venosus enthält. Weiterhin erkennt man die Leberpforte mit **Ductus hepaticus**, **V. portae** und **A. hepatica propria**. Die **Gallenblase** liegt der Leber am Lobus quadratus nach kaudal gerichtet an und überragt die Leber meist etwas nach unten. Im oberen Bereich ist die **V. cava inferior** zu erkennen, die durch das Lig. venae cavae fixiert ist.

Folgende Organe stehen in enger anatomischer Beziehung zur Leber:

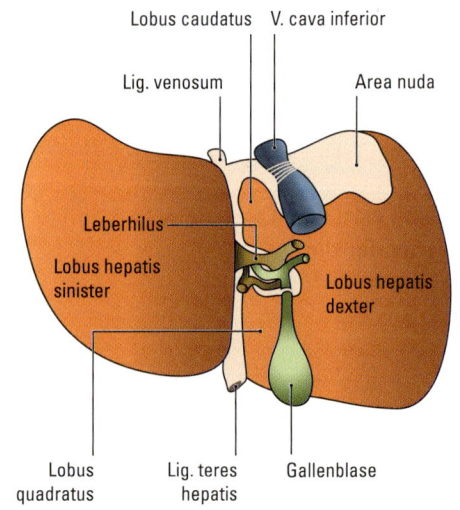

Abb. 17: Leber kaudal — medi-learn.de/6-ana7-17

3.1.2 Gefäßversorgung der Leber

Linker Leberlappen	Rechter Leberlappen
– Magen – Ösophagus	– Colon – Duodenum – rechte Niere – rechte Nebenniere

Tab. 8: Organe mit enger anatomischer Beziehung zur Leber

Die Leber wird anhand der Aufteilung der portalen Gefäßtrias in acht Segmente unterteilt. Ins Zentrum eines jeden Segments zieht ein größerer Ast der A. hepatica propria, V. portae hepatis und des Ductus hepaticus.

Du solltest dir merken, dass Segment 1 dem Lobus caudatus zugeordnet wird. Die restlichen Segmente verteilen sich mit Blick von kaudal auf die Facies visceralis gegen den Uhrzeigersinn, sodass Segment 4 dem Lobus quadratus und die Segmente 5-8 dem rechten Leberlappen zuzuordnen sind.

Die **Facies diaphragmatica** wird an ihrer Verwachsungsfläche mit dem Zwerchfell als **Area nuda** bezeichnet. Am Rand der Area nuda schlägt das Peritoneum viszerale der Leber auf das Peritoneum parietale des Zwerchfells um. Die Area nuda besitzt demnach keinen Peritonealüberzug. Die Umschlagstellen werden als **Lig. coronarium** bezeichnet. Zur Seite laufen die Ligg. coronaria zu den **Ligg. triangularia sinistrum** und **dextrum** aus.

3.1.2 Gefäßversorgung der Leber

Arteriell wird die Leber über die **A. hepatica propria**, die dem **Vas privatum** der Leber entspricht, versorgt. Der venöse Abfluss erfolgt über die **Vv. hepaticae**, die das venöse Blut zur **V. cava inferior** ableiten.

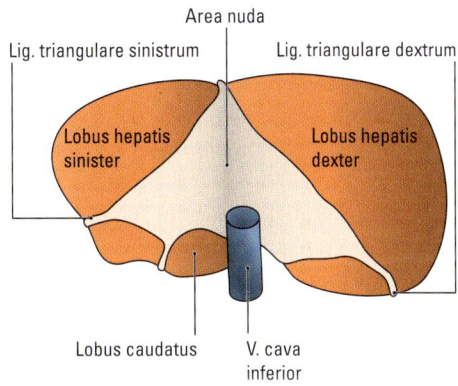

Abb. 18: Leber in der Aufsicht

medi-learn.de/6-ana7-18

3.1.3 Pfortaderkreislauf

Über das Pfortadersystem werden die Nährstoffe aus den Darmanteilen zur Leber transportiert. Um die wichtigen Fakten des Pfortadersystems parat zu haben, solltest du dir die folgenden Punkte einprägen:
Die **V. portae** erhält ihre Zuflüsse aus der **V. mesenterica superior**, der **V. splenica** und der **V. mesenterica inferior**. Die V. mesenterica inferior mündet in der Mehrzahl der Fälle in die V. splenica. Hier gibt es sicherlich unterschiedliche Normvarianten, für das Examen zählt jedoch nur der Regelfall. Das Gebiet des venösen Abflusses der einzelnen Venen entspricht hierbei dem Versorgungsgebiet der A. mesenterica superior, A. splenica und A mesenterica inferior. Die V. portae ist als das **Vas publicum** der Leber zu bezeichnen.

> **Merke!**
> – Das venöse Blut aller unpaaren Bauchorgane fließt in die V. portae.
> – Die V. portae hepatis ist Bestandteil des enterohepatischen Kreislaufs.

3 Leber, Gallenblase, Pankreas und Milz

Als **enterohepatischen Kreislauf** bezeichnet man die Zirkulation von Substanzen über Darm, Vena portae, Leber, und die Produktion von Galle, welche schließlich wieder dem Darm zugeführt wird.

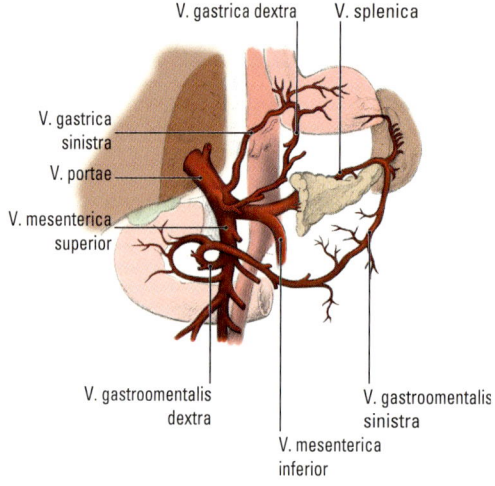

Abb. 19: Pfortaderkreislauf *medi-learn.de/6-ana7-19*

Portokavale Anastomosen verbinden die Einzugsgebiete der V. portae und V. cava und können so bei Behinderung des Blutabstroms der V. portae (z. B. bei Leberzirrhose) die Leber umgehen. Klinisch wichtig ist dabei die Anastomose der kleinen Kurvatur des Magens (Vv. gastricae sin. und dex.) und Ösophagus, der Vv. rectales superior und mediales und seltener über die Vv. paraumbilicales zu den Hautvenen („Caput medusae").

3.2 Gallenblase

Beim Thema Galle ist zunächst eine Klärung der Begriffe notwendig, denn die Umgangssprache ist hier sehr ungenau und deshalb der Feind jeder mündlichen Prüfung: Die Galle (Gallenflüssigkeit ist hier das bessere Wort!) ist ein Produkt der Leber und du solltest dich davor hüten, in einer mündlichen Prüfung die Gallenblase als Galle zu bezeichnen.

3.2.1 Funktion der Gallenblase

Die Gallenblase dient als Reservoir, um bei Bedarf Gallenflüssigkeit in das Duodenum abgeben zu können. Sie liegt der Leber von dorsal an und ist ein sackförmiges Hohlorgan mit muskulösen Anteilen.

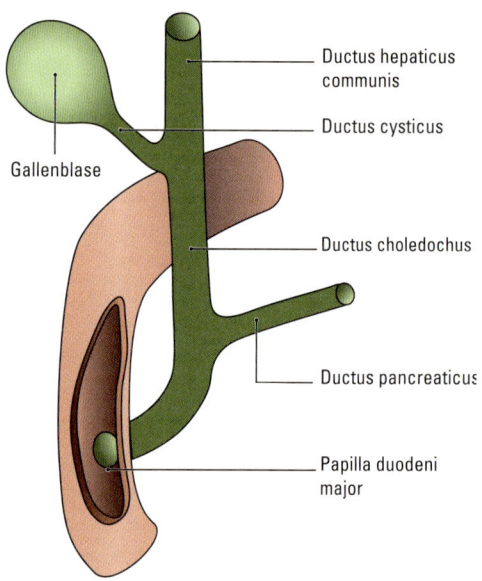

Abb. 20 a: Gallengänge *medi-learn.de/6-ana7-20a*

Die Gallenflüssigkeit sammelt sich in den Gallengängen der Leber, die sich dann zum **Ductus hepaticus communis** vereinigen. Nach wenigen Zentimetern folgt hier die Abzweigung des **Ductus cysticus**, der die Gallenflüssigkeit zur Gallenblase ableitet. Die **Plica spiralis** im Ductus cysticus am Übergang zum Gallenblasenhals soll bei plötzlicher Steigerung des Bauchbinnendruckes die Entleerung der Gallenblase verhindern. Fortgeführt wird der Ductus hepaticus communis nach dieser Abzweigung als Ductus choledochus und tritt schließlich in das Lig. hepatoduodenale ein. Im Regelfall münden Ductus choledochus und Ductus pancreaticus in einem gemeinsamen erweiterten Endabschnitt (Ampulla hepatopancreatica), um zusammen in die Pars descendens duodeni (Papilla duodeni major) zu münden.

Von besonderem Belang bei Gallensteinen sind die Engstellen der Gallengänge. Meist bleiben Gallensteine im relativ engen Ductus cysticus oder an der Papilla duodeni major stecken.

Übrigens ...
Bei einer Gallenkolik klagt der Patient über Schmerzen in der Medioklavikularlinie unterhalb des rechten Rippenbogens.

Löst ein Drücken mit den Fingern unterhalb des rechten Rippenbogens während der Inspiration einen Druckschmerz mit vorzeitiger Beendigung der Einatmung aus, spricht dies für eine Cholezystitis (Murphy-Zeichen). Dieses Zeichen bitte nicht mit Courvoisier-Zeichen (kein Schmerz bei vergrösserter, prall-elastischer Gallenblase) verwechseln.

3.2.2 Gefäßversorgung der Gallenblase

Arteriell wird die Gallenblase über die A. cystica zumeist aus der A. hepatica dextra versorgt. Die Aa. hepatica dextra und sinistra sind die ersten beiden großen Abzweigungen der A. hepatica propria nach ihrem Eintritt in die Leberpforte.
Der venöse Abfluss erfolgt über die V. cystica direkt in die V. portae.

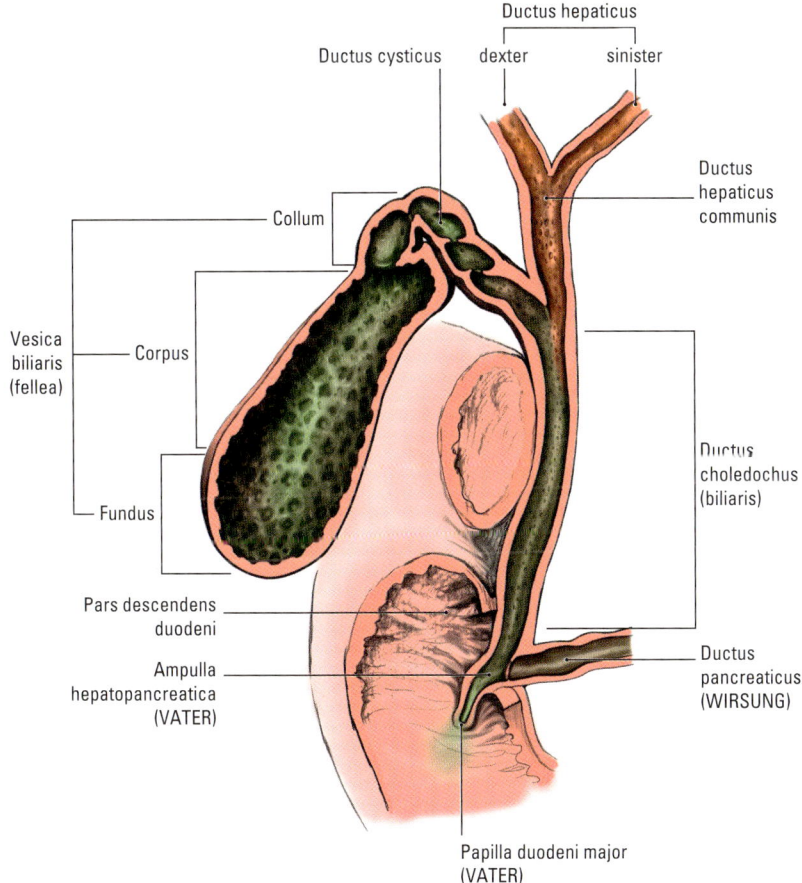

Abb. 20 b: Gallengänge

medi-learn.de/6-ana7-20b

3 Leber, Gallenblase, Pankreas und Milz

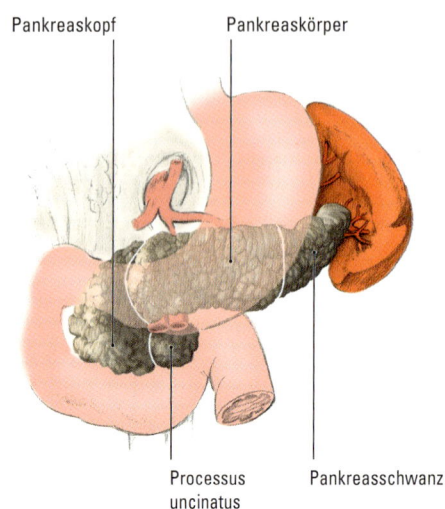

Abb. 21: Übersicht Pankreas

medi-learn.de/6-ana7-21

3.3 Pankreas

Das Pankreas ist eine Drüse mit sowohl endokrinen Anteilen, die Insulin, Glukagon und Somatostatin produzieren, als auch mit exokrinen Anteilen, die Enzyme für die Protein-, Fett- und Kohlenhydrataufspaltung (Trypsin, Lipase und Amylase) produzieren. Pro Tag gelangen über diesen exokrinen Anteil rund zwei Liter Pankreassaft in den Dünndarm und neutralisieren dort unter anderem den sauren Speisebrei (Chymus).

3.3.1 Lage und Aufbau

Makroskopisch lässt sich das Pankreas in sein **Caput** (liegt im duodenalen C), den **Processus uncinatus** (liegt als einziger Anteil hinter A. und V. mesenterica superior), das **Corpus** mit dem **Tuber omentale** (wölbt sich vor der Wirbelsäule) und in die **Cauda** (reicht bis zum Milzhilus) unterteilen.

Das gesamte Organ liegt sekundär retroperitoneal und überzieht die Wirbelsäule in Höhe L1–L2. Es hat in etwa eine Länge von 14–18 cm und ein Gewicht von 65–80 Gramm.

Der **Pankreasgang** (Ductus pancreaticus) durchzieht die gesamte Bauchspeicheldrüse und mündet gemeinsam mit dem Ductus choledochus als Ampulla hepatopancreatica auf der **Papilla duodeni major** (Vateri) in den absteigenden Teil des Duodenums. Der variabel vorhandene Ductus pancreaticus accessorius mündet häufig etwas weiter kranial auf der Papilla duodeni minor.

3.3.2 Gefäßversorgung des Pankreas

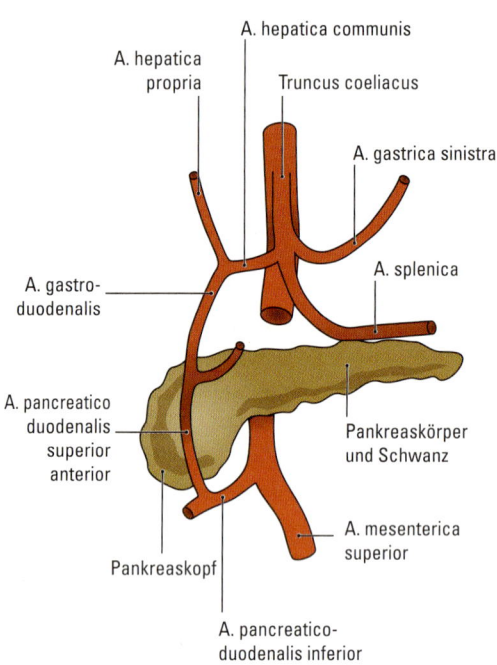

Abb. 22: Arterielle Versorgung des Pankreas

medi-learn.de/6-ana7-22

Das Caput und der Processus uncinatus des Pankreas werden arteriell aus dem Truncus coeliacus über die A. hepatica communis, A. gastroduodenalis und A. pancreaticoduodenalis superior versorgt. Aus der A. mesenterica superior erfolgt eine weitere arterielle Versorgung über die A. pancreaticoduodenalis inferior.

Die A. mesenterica superior entspringt hinter dem Pankreaskopf und legt sich vor den Processus uncinatus. Corpus und Cauda des Pankreas werden über Äste der A. splenica versorgt.

Das venöse Blut fließt aus den Vv. pancreaticae über die V. splenica und die V. mesenterica superior in die Pfortader ab.
Während die A. splenica entlang des Oberrands des Corpus zum Milzhilus zieht, verläuft die V. splenica an der Pankreasrückseite.

> **Merke!**
>
> A. mesenterica superior und Truncus coeliacus bilden hier über A. pancreaticoduodenalis inferior und A. pancreaticoduodenalis superior eine Anastomose.

3.4 Milz

Die Milz dient in erster Linie der Blutmauserung: Abnorme oder altersschwache Blutzellen werden in ihr herausgefiltert und abgebaut. Weiterhin erfüllt die Milz eine Abwehrfunktion und ist ein lymphatisches Organ.

3.4.1 Lage und Aufbau

Makroskopisch kann man sich die Milzgröße mit 4711 (wie das „Kölnischwasser") merken: 4 cm · 7 cm · 11 cm. Sie liegt intraperitoneal im linken Oberbauch, etwa in Höhe der 9.–11. Rippe, ist atemverschieblich und sollte beim Gesunden nicht zu tasten sein.

> **Merke!**
>
> Jede tastbare Milz bedarf einer weiteren diagnostischen Abklärung!

Übrigens …
Durch ihre Lage direkt an der 9.–11. Rippe ist die Milz besonders bei stumpfen Traumen an der linken Flanke gefährdet. Ein Milzriss kann anfangs unentdeckt bleiben, ist jedoch durch die sehr gute Durchblutung des Organs meist lebensgefährlich. Eine Milzruptur lässt sich sonografisch als Randsaum (Flüssigkeitsansammlung) um die Milz oder als Flüssigkeitsansammlung im Koller-Pouch nachweisen. Als Koller-Pouch bezeichnet man den Raum zwischen linker Niere und Milz (Recessus splenorenalis).

Die Form der Milz lässt sich als große Kaffeebohne beschreiben. Ihr normales Gewicht liegt bei 150–200 Gramm. Ihr weiches Organparenchym liegt in einer derben Capsula fibrosa. Auf ihrer Oberfläche lässt sich eine Facies visceralis von einer Facies diaphragmatica unterscheiden.

3.4.2 Wichtige Bandstrukturen der Milz

Die Bandverbindungen der Milz werden gerne geprüft. Es lohnt sich also, sich etwas länger mit der folgenden Tabelle zu beschäftigen.

Lig. gastrosplenicum	Lig. splenorenale	Lig. phrenicocolicum
verbindet Magen mit dem Milzhilus und enthält die A. gastroomentalis sinistra und die Aa. gastricae breves	zieht vom Retroperitoneum zum Milzhilus und enthält die A. und V. splenica	bildet die kaudale Begrenzung der Milznische und zieht von der linken Rumpfwand (vom Zwerchfell) zur linken Kolonflexur

Tab. 9: Bandstrukturen der Milz

3.4.3 Gefäßversorgung der Milz

Die arterielle Versorgung erfolgt aus dem Truncus coeliacus über seinen stärksten Ast, die **A. splenica**. Die A. splenica tritt am Milzhilus in die Milz ein.
Das venöse Blut fließt über die **V. splenica** in die Pfortader ab. Die V. splenica hat ihren Ursprung am Milzhilus und zieht an der Pankreasrückseite zur Pfortader.

DAS BRINGT PUNKTE

Die Bereiche **Leber** und **Gallenblase** sind recht überschaubar und lassen sich durch die folgende Zusammenfassung schnell wiederholen. Damit bist du in diesem Bereich bestens auf die Fragen der makroskopischen Anatomie vorbereitet.

In den schriftlichen Examina wird großer Wert auf die **anatomische Nähe der Leber zu bestimmten Organen** gelegt. Du solltest dir deshalb einprägen, welche Organe in welcher topografischen Beziehung zur Leber liegen:
– am linken Leberlappen Magen und Ösophagus,
– am rechten Leberlappen rechte Niere, rechte Nebenniere, Duodenum und rechte Colonflexur.

Zur **Leberoberfläche** solltest du dir vor allem zwei wichtige Bandstrukturen merken: Hier wird immer wieder nach dem Lig. falciforme und nach dem Lig. teres hepatis gefragt.
Das Lig. falciforme liegt in der ventralen Ansicht zwischen dem rechten und linken Leberlappen und enthält an seinem freien Rand das Lig. teres hepatis mit der obliterierten V. umbilicalis.

Die **Gallengänge** sind ein weiteres Lieblingsthema des schriftlichen Examens. Du solltest den Verlauf der Gallengänge von der Leber bis zur Mündung in die Papilla duodeni major wiedergeben können:
Leberpforte, Ductus hepaticus communis, nach Abgang des Ductus cysticus zur Gallenblase: Ductus choledochus (im Lig. hepatoduodenale). Der Ductus choledochus vereinigt sich im Regelfall mit dem Ductus pancreaticus und tritt so in den absteigenden Teil des Duodenums ein.

Beim Thema **Pankreas** bezogen sich bisher die meisten makroskopischen Anatomiefragen der schriftlichen Examina auf das Lageverhältnis des Pankreas in Bezug auf das Peritoneum oder auf die anatomische Nähe zu bestimmten Organen und anatomischen Strukturen. Unbedingt einprägen solltest du dir daher folgende topografische Zusammenhänge:
– Das Pankreas liegt sekundär retroperitoneal und
– an der Hinterwand der Bursa omentalis.
– Der Pankreaskopf liegt im duodenalen C.
– Der Schwanz des Pankreas reicht bis an den Milzhilus heran und verläuft in nächster Nähe zur linken Niere und linken Nebenniere.
– Die A. mesenterica superior tritt unter dem Pankreaskopf hervor und legt sich vor den Processus uncinatus.

In den vorklinischen Examina wird immer wieder nach der Lage der **Milz** gefragt. Die Lage der Milz zu kennen, ist auch unter dem Aspekt der Gefahr von Milzverletzungen bei Unfällen wichtig.
Du solltest dir also merken, dass
– die Milz in Höhe der 9.–11. Rippe liegt,
– atemverschieblich und
– beim Gesunden NICHT tastbar ist.

Wie schon erwähnt, sind auch die **Bandstrukturen** der Milz ein immer wieder gerne geprüftes Thema. Die folgenden Bänder solltest du dir deshalb gut einprägen:
– Das **Lig. gastrosplenicum** enthält die A. gastroomentalis sinistra und die Aa. gastricae breves. Es zieht von der großen Kurvatur des Magens zur Milz und kann als Fortsetzung des Lig. gastrocolicum gesehen werden.
– Das **Lig. splenorenale** spannt sich von der linken Niere zum Milzhilus und enthält die A. und V. splenica.
– Das **Lig. phrenicocolicum** bildet die kaudale Begrenzung der Milznische und zieht vom Zwerchfell zum Kolon.

FÜRS MÜNDLICHE

Passend zum vorangegangenen Kapitel folgen jetzt die Fragen zu den Themen Leber, Gallenblase, Pankreas und Milz. Egal ob alleine oder in der Gruppe – hiermit kannst du dein Wissen überprüfen.

1. Beschreiben Sie bitte die großen Gefäße des Pfortadersystems.

2. Wie unterteilen Sie die Leberlappen?

3. Welche Organe liegen in topografischer Beziehung zur Leber? Zählen Sie bitte auf.

4. Sagen Sie, an welchen Stellen der Gallenwege bleiben Gallensteine besonders häufig hängen und können so zu Koliken und zu einem Rückstau der Gallenflüssigkeit führen?

5. Beschreiben Sie bitte das Lageverhältnis des Pankreas in Bezug auf das Peritoneum.

6. Welche anatomischen Strukturen liegen in unmittelbarer Nachbarschaft des Pankreaskopfes? Kennen Sie eine Erkrankung des Pankreaskopfes mit entsprechender Symptomatik?

7. Beschreiben Sie bitte kurz die Funktionen des Pankreas.

8. Erklären Sie bitte, warum die Milz besonders bei Unfällen gefährdet ist.

9. Erläutern Sie bitte kurz die Lage der Milz in Bezug zum Peritoneum.

10. Beschreiben Sie bitte die Oberfläche der Milz.

---

1. Beschreiben Sie bitte die großen Gefäße des Pfortadersystems.
In die V. portae münden die V. mesenterica superior und die V. splenica. Die V. splenica nimmt im Regelfall die V. mesenterica inferior auf.

2. Wie unterteilen Sie die Leberlappen?
Linker und rechter Leberlappen, Lobus caudatus und Lobus quadratus.

3. Welche Organe liegen in topografischer Beziehung zur Leber? Zählen Sie bitte auf.
Colon, Duodenum, Magen, Ösophagus, rechte Niere und rechte Nebenniere.

4. Sagen Sie, an welchen Stellen der Gallenwege bleiben Gallensteine besonders häufig hängen und können so zu Koliken und zu einem Rückstau der Gallenflüssigkeit führen?
Häufig bleiben Gallensteine im Ductus cysticus und an der Papilla duodeni major hängen.

5. Beschreiben Sie bitte das Lageverhältnis des Pankreas in Bezug auf das Peritoneum.
Das Pankreas liegt sekundär retroperitoneal.

6. Welche anatomischen Strukturen liegen in unmittelbarer Nachbarschaft des Pankreaskopfes? Kennen Sie eine Erkrankung des Pankreaskopfes mit entsprechender Symptomatik?
Duodenale C-Schleife, Ductus choledochus, Papilla duodeni major, Mesenterialgefäße. Pankreaskopfkarzinom: Ikterus, Courvoisier-Zeichen, Thrombosen, Schmerzen im Oberbauch mit Ausstrahlung in den Rücken.

7. Beschreiben Sie bitte kurz die Funktionen des Pankreas.
Ein Organ mit exokrinen (Verdauungsenzyme), und endokrinen (Insulin, Glukagon und Somatostatin) Drüsenanteilen.

FÜRS MÜNDLICHE

8. Erklären Sie bitte, warum die Milz besonders bei Unfällen gefährdet ist.
Durch ihre Lage an der seitlichen Bauchwand kann es bei einem Trauma schnell zu Verletzungen durch die Rippen oder zu einem Milzriss infolge der direkten Kraftübertragung kommen.

9. Erläutern Sie bitte kurz die Lage der Milz in Bezug zum Peritoneum.
Die Milz liegt intraperitoneal.

10. Beschreiben Sie bitte die Oberfläche der Milz.
Man kann eine Facies visceralis von einer Facies diaphragmatica unterscheiden.

Mehr Cartoons unter www.medi-learn.de/cartoons

Pause

Leber? Galle?
So einfach ist es nicht immer!
Zeit für eine schöne Pause.

Relax Rente: Die entspannte Art, fürs Alter vorzusorgen.

Von Chancen der Kapitalmärkte profitieren, ohne Risiken einzugehen!

- **Sicherheit**
  „Geld-zurück-Garantie" für die eingezahlten Beiträge zum Ablauftermin

- **Wertzuwachs**
  Ihre Kapitalanlage profitiert Jahr für Jahr von den Erträgen der 50 Top-Unternehmen Europas, nimmt aber eventuelle Verluste nicht mit

- **Zusätzliche Renditechancen**
  Durch ergänzende Investition in renditestarke Fonds

- **Komfort**
  Wir übernehmen das komplette Anlagemanagement für Sie

- **Flexibilität**
  Während der gesamten Laufzeit an veränderte Lebenssituationen anpassbar

Lassen Sie sich beraten!
Nähere Informationen und unseren Repräsentanten vor Ort finden Sie im Internet unter
www.aerzte-finanz.de

Standesgemäße Finanz- und Wirtschaftsberatung

4 Harntrakt und Nebennieren

Fragen in den letzten 10 Examen: 8

Unter dem Begriff Harntrakt werden folgende Organe zusammengefasst:
- Niere (Ren),
- Harnleiter (Ureter),
- Harnblase (Vesica urinaria),
- Harnröhre (Urethra).

Die makroskopischen Aspekte des Harntrakts befassen sich in erster Linie mit dem Verlauf von Harnleiter und Harnröhre, mit den Lageverhältnissen der Organe und mit ihrer Blutversorgung. Aufgrund der unterschiedlichen anatomischen Verhältnisse der männlichen und weiblichen Harnröhre wird diese jeweils in den Abschnitten der männlichen und weiblichen Geschlechtsorgane besprochen.

4.1 Niere

Die Nieren regulieren unseren Flüssigkeits- und Mineralhaushalt, entfernen harnpflichtige Substanzen (Harnstoff, Ammoniak) und bilden Renin zur Blutdruckregulierung und Erythropoetin für die Blutbildung.

Bei einem ausgewachsenen Menschen sind die Nieren etwa 10 cm · 4 cm · 5 cm groß und wiegen rund 120–300 Gramm.

Die Oberfläche der Nieren wird von der **Capsula fibrosa** überzogen und hat dadurch eine glatte und derbe Konsistenz. Um die Nieren mitsamt Nebennieren liegt die **Capsula adiposa** (eine Fettschicht). Ein gemeinsamer **Faszienssack**, der nach medial (zum Eintritt der Gefäße) und nach medial-kaudal (zum Austritt des Ureters) je eine Öffnung aufweist, umschließt Niere, Nebenniere und Fettkapsel. Man unterscheidet ein vorderes und ein hinteres Blatt, Fascia praerenalis und Fascia retrorenalis.

4.1.1 Lageverhältnisse der Nieren

Die Nieren liegen primär retroperitoneal, seitlich parallel zur Wirbelsäule (in Höhe BWK12 – LWK3) und haben folgende topografische Beziehungen:

Linke Niere	Rechte Niere
– Magen	– Pars descendens duodeni
– Milz	– Flexura coli dextra
– Pankreas	– Leber
– Flexura coli sinistra	– rechte Nebenniere
– linke Nebenniere	

Tab. 10: Organe mit enger anatomischer Beziehung zu den Nieren

4.1.2 Gefäßversorgung der Nieren

Die rechte Niere wird über die **A. renalis dextra** (rechte Nierenarterie) versorgt, die aus der Aorta abdominalis entspringt und hinter der V. cava inferior und dem Pankreaskopf verläuft. Die **A. renalis sinistra** (linke Nierenarterie) verläuft von der Aorta abdominalis hinter dem Pankreaskörper zur linken Niere.

Die beiden **Vv. renales** münden direkt in die **V. cava inferior**. Hierbei zieht die V. renalis sinistra (linke Nierenvene) knapp unter dem Ursprung der A. mesenterica superior über die Aorta hinweg. Diese Überkreuzung wird von manchen Anatomen als „Nussknacker" bezeichnet.

Wenn man sich vor Augen führt, dass die Aorta näher zur linken Niere und die V. cava inferior näher zur rechten Niere liegt, kann man sich die obigen Lageverhältnisse der Gefäße einfacher erklären.

4.2 Nebenniere

Die **Glandulae suprarenales** (Nebennieren) sitzen den beiden Nieren am oberen Pol auf und sind von Fettgewebe (Capsula adiposa) umgeben. Die rechte Nebenniere liegt in einer Nische zwischen Niere, V. cava inferior und Leber und projiziert sich in etwa in Höhe des 11. Rippenhalses.

4.2.1 Funktion der Nebennieren

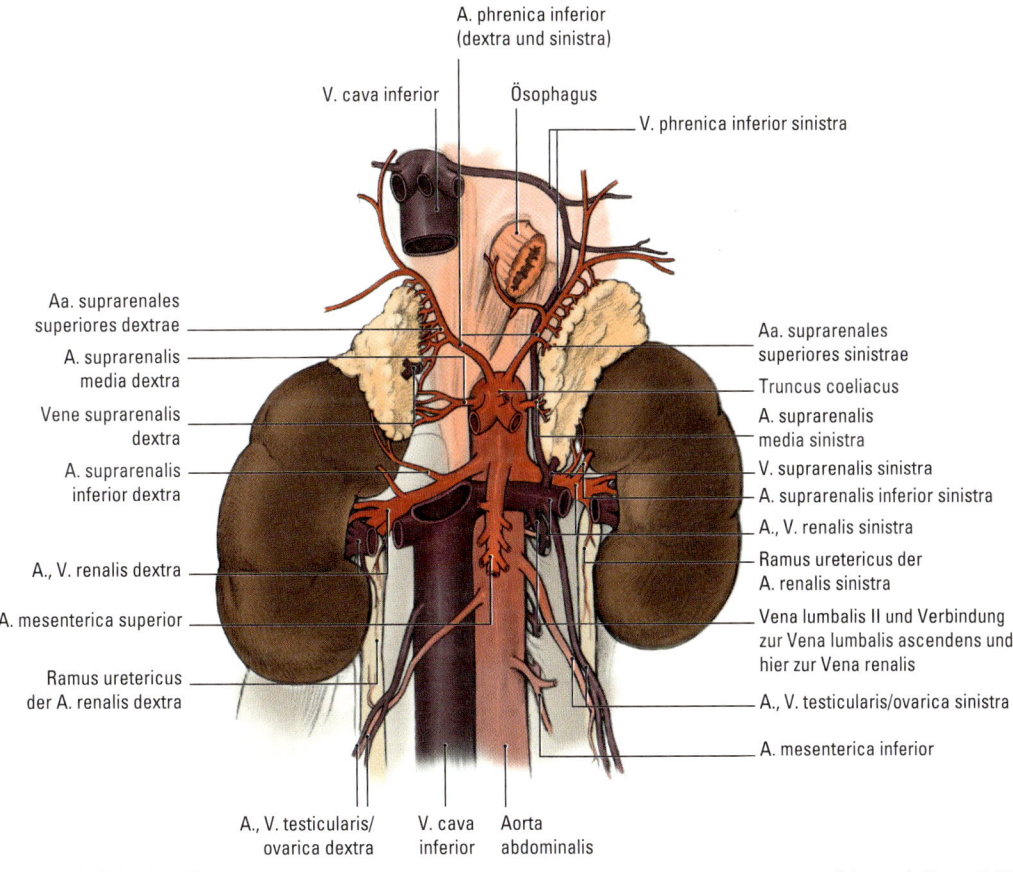

Abb. 23: Gefäße der Niere

medi-learn.de/6-ana7-23

Die linke Nebenniere grenzt an die Aorta abdominalis und liegt meist etwas weiter kaudal als die rechte Nebenniere.

4.2.1 Funktion der Nebennieren

Die Nebennieren zählen zu den endokrinen Organen. Sie produzieren in ihrer Rinde **Steroidhormone** und in ihrem Mark **Katecholamine**.
Den drei Abschnitten der Rinde lassen sich verschiedene Hormone zuordnen:
Zona glomerulosa - Mineralcorticoide, Zona fasciculata - Glucocorticoide, Zona reticularis - Sexualsteroide.
In den folgenden Tabellen siehst du die Steroidhormone und die Katecholamine der Nebenniere in einer Übersicht. Du solltest dein Augenmerk auf die fettgedruckten Hormone richten und diese in der Prüfung wiedergeben können.

Mineralocorticoide	Glucocorticoide
– Corticosteron	– 11-Desoxycortisol
– 11-Desoxycorticosteron	– **Cortisol**
– **Aldosteron**	

Tab. 11: Mineral- und Glucocorticoide der Nebennierenrinde

4 Harntrakt und Nebennieren

Androgene	Gestagene	Östrogene
– Dehydroepiandrosteron (DHEA) – Androstendion – 11-Hydroxyandrostendion – Testosteron (geringe Mengen)	– 17-Hydroxyprogesteron – Progesteron	– Östron – Östradiol

Tab. 12: Sexualhormone der Nebennierenrinde

Katecholamine
– Adrenalin – Noradrenalin

Tab. 13: Katecholamine des Nebennierenmarks

4.2.2 Gefäßversorgung der Nebennieren

Da die Nebennieren wichtige endokrine Hormone produzieren, muss eine sehr gute Blutversorgung gewährleistet sein. Die arterielle Versorgung erfolgt daher aus drei unterschiedlichen Arterien:

A. suprarenalis superior	A. suprarenalis media	A. suprarenalis inferior
entspringt links und rechts aus der A. phrenica inferior	entspringt direkt aus der Aorta abdominalis	entspringt jeweils aus der linken und rechten A. renalis

Tab. 14: Arterielle Versorgung der Nebennieren

Der venöse Abfluss der Nebennieren erfolgt **rechts** direkt in die **V. cava inferior**, **links** erst in die **V. renalis**, welche die Aorta überkreuzt und dann in die V. cava inferior mündet.

> **Merke!**
>
> Die Natur geht den einfachsten Weg: Rechts liegt die V. cava inferior nahe an der Nebenniere, links muss erst die Aorta überkreuzt werden. Hierfür wird die bereits vorhandene V. renalis benutzt.

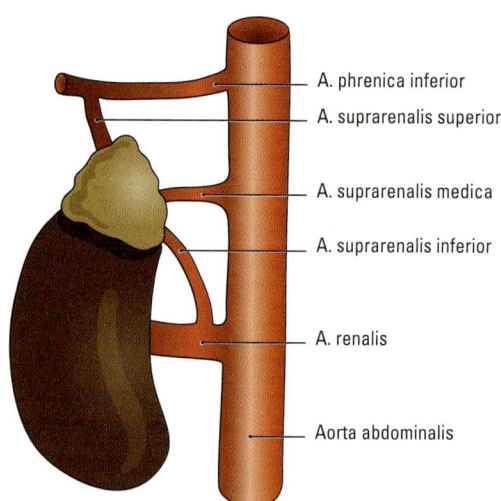

Abb. 24: Gefäßversorgung der Nebennieren

medi-learn.de/6-ana7-24

4.3 Ureter

In diesem Kapitel geht es um den klinisch wichtigen Verlauf des Ureters und die damit verbundenen Konsequenzen bei Erkrankungen des Harnsystems.

4.3.1 Aufbau und Lage

Der etwa 30 cm lange Ureter entspringt am **Pelvis renalis** (Nierenbecken) und tritt durch eine Öffnung im Fasziensack aus diesem heraus. Er verläuft im Retroperitoneum bis zu seiner Mündung in die **Vesica urinaria** (Harnblase) im Trigonum vesicae.

> **Übrigens ...**
>
> – Bezüglich der Diagnostik von Nierensteinen ist es wichtig zu wissen, dass der Ureter an manchen Stellen enger als an anderen ist. An diesen Engstellen können sich Nierensteine festsetzen und so zu **Koliken** führen.
> – Koliken sind Schmerzen, die durch eine Überdehnung der Ureterwände ausgelöst werden. Ein Nieren-

4.3.2 Gefäßversorgung des Harnleiters

stein bleibt an einer Engstelle des Ureters stecken und verursacht so einen Rückstau mit einer Wandüberdehnung.

1. Ureterenge	2. Ureterenge	3. Ureterenge
direkt am Übergang des Nierenbeckens in den Ureter	bei der Überkreuzung der A. iliaca communis oder manchmal der A. iliaca externa	direkt am Übergang vom Ureter in das Trigonum vesicae der Harnblase

Tab. 15: Ureterengen

In den schriftlichen und mündlichen Prüfungen wird gerne nach dem Verlauf des Ureters gefragt. Hier ist es von besonderer Wichtigkeit, die Strukturen zu beschreiben, die vom Ureter überkreuzt und unterkreuzt werden:

Der Ureter unterkreuzt:	Der Ureter überkreuzt:	Der Ureter unterkreuzt:
– die A. und V. ovarica bei der Frau – die A. und V. testicularis beim Mann	sowohl bei der Frau als auch beim Mann die A. und V. iliaca communis oder in manchen Fällen die A. und V. iliaca externa	– die A. uterina bei der Frau – den Ductus deferens beim Mann

Tab. 16: Verlauf des Ureters

4.3.2 Gefäßversorgung des Harnleiters

Der Ureter wird jeweils durch die in der Nähe liegenden arteriellen Gefäße mitversorgt. Diese Gefäßversorgung unterliegt vielen Normvarianten. Zur Orientierung solltest du dir jedoch merken, dass folgende arterielle Gefäße an der Versorgung beteiligt sind:
– **A. renalis**
– **Aorta abdominalis**
– **A. ovarica** (Frau), **A. testicularis** (Mann)
– **A. iliaca interna**
– **A. uterina** (Frau)

4.4 Harnblase

Die Harnblase dient als Sammelstelle für den in den Nieren produzierten Urin und ist durch Kontraktion für dessen Austreibung zuständig. In den schriftlichen Examina beschränken sich die Fragen der makroskopischen Anatomie bislang auf die Mündung der Ureteren und die Lage der Harnblase im Bezug zum Peritoneum.

4.4.1 Aufbau und Lage der Harnblase

Die **Vesica urinaria** (Harnblase) liegt **subperitoneal**, also unter dem parietalen Blatt des Peritoneums. Sie speichert den Harn, den sie durch die Ureteren zugeleitet bekommt. Als muskulöses Hohlorgan hat sie normalerweise ein Fassungsvermögen von 300-500 ml. Makroskopisch kann man die Harnblase in das **Corpus vesicae** (Blasenkörper), den **Apex vesicae** (Blasenspitze), den **Fundus vesicae** (Blasengrund) und das **Collum vesicae** (Blasenhals) unterteilen.

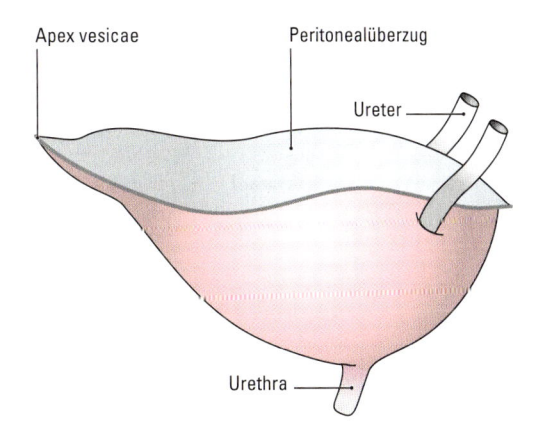

Abb. 25: Harnblase   medi-learn.de/6-ana7-25

4 Harntrakt und Nebennieren

4.4.2 Gefäßversorgung der Harnblase

Die arterielle Versorgung der Harnblase erfolgt über die **A. vesicalis superior** (Ast der A. umbilicalis) und **A. vesicalis inferior** (Ast der A. iliaca interna).

Der venöse Abfluss erfolgt über den **Plexus venosus vesicalis** (liegt den unteren Anteilen der Harnblase an) in die V. iliaca interna.

4.4.3 Innervation der Harnblase/Miktion

Die glatte Muskulatur der Harnblasenwand wird als **M. detrusor vesicae** bezeichnet. Er ist **parasympathisch** innerviert und dient der Austreibung des Harns bei Kontraktion. Die Perikaryen der afferenten Fasern zur Messung der Wandspannung liegen wie auch für andere Afferenzen zum Rückenmark in den Spinalganglien der Hinterwurzel der Spinalnerven. Eine **sympathische** Innervation von Fasern des M. detrusor vesicae, die den Anfang der Urethra umschließen und so einen Verschluss bewirken, wird von verschiedenen Autoren kontrovers diskutiert und ist nicht gesichert. Zudem reagiert der gesunde Mensch bei durch Dehnungsrezeptoren vermittelter Füllung der Blase mit willkürlicher Anspannung des quergestreiften **M. sphincter urethrae externus** um die Entleerung zu unterdrücken.

Dieser Muskel geht aus dem M. transversus perinei profundus hervor und wird genau wie dieser vom N. pudendus innerviert.

Das **Trigonum vesicae** verläuft zwischen den beiden Uretermündungen und dem Abgang der Urethra. Hier geht die Uretermuskulatur in die Blasenwandmuskulatur über. Durch die Peristaltik der Uretermuskulatur werden die Uretermündungen geöffnet, sodass sich die Harnblase füllt. Während der Miktion werden die Uretermündungen verschlossen, um einen Harnreflux (Rücklauf) in die Ureteren zu verhindern.

DAS BRINGT PUNKTE

Die makroskopischen Fragen mit Bezug auf die **Niere** befassen sich meist mit dem Aufbau der Nierenkapsel und mit der Nähe der Niere zu anderen wichtigen anatomischen Strukturen. Folgendes solltest du dir gut einprägen:
- Aufbau der Nierenkapsel von innen nach außen: Capsula fibrosa, Capsula adiposa (umfasst die Niere und Nebenniere), Fasziensack (mit seiner Öffnung am Nierenhilus).
- Die linke Niere hat Bezug zu folgenden Organen: Magen, Milz, Pankreas, linke Colonflexur, linke Nebenniere.
- Die rechte Niere liegt in anatomischer Nähe zum absteigenden Teil des Duodenums, der rechten Colonflexur, der Leber und der rechten Nebenniere.
- Die Gefäßversorgung erfolgt über die A. renalis dextra und sinistra. Die V. renalis sinistra zieht unter der A. mesenterica superior über die Aorta und bildet hier den „Nussknacker".

Zum Thema **Nebenniere** wird gerne deren Gefäßversorgung gefragt. Die Nebennierenarterien und -venen solltest du dir deshalb unbedingt merken:
- Drei Nebennierenarterien mit unterschiedlicher Herkunft: A. suprarenalis superior aus der A. phrenica inferior (= erster Ast der Bauchaorta), A. suprarenalis media (direkter Ast aus der Aorta abdominalis) und A. suprarenalis inferior aus der A. renalis.
- Das venöse Blut wird im Regelfall über je eine V. suprarenalis abgeleitet. Auf der rechten Seite erfolgt der Abfluss über die V. suprarenalis dextra direkt in die V. cava inferior. Das venöse Blut der linken Nebenniere fließt über die linke V. suprarenalis erst in die linke V. renalis und gelangt dann über diese zur V. cava inferior.

Beim Thema **Ureter** liegt der Schwerpunkt der schriftlichen Examina auf dem Ureterverlauf und seinen Engstellen.
Merke dir deshalb
- die drei Engstellen des Ureters: Abgang aus dem Nierenbecken, Überkreuzung der A. und V. iliaca communis, Eintritt in die Harnblase,
- den Verlauf des Ureters: entspringt am Nierenbecken, unterkreuzt die A. und V. ovarica bei der Frau oder die A. und V. testicularis beim Mann, überkreuzt die A. und V. iliaca communis, unterkreuzt die A. uterina bei der Frau bzw. den Ductus deferens beim Mann, tritt von hinten im Trigonum vesicae in die Harnblase ein.

Zur **Harnblase** solltest du schließlich noch folgende Fakten parat haben:
- Das Trigonum vesicae liegt an der dorsalen Innenseite der Harnblase und hat die Form eines Dreiecks. Hier liegen die Mündungsstellen der beiden Ureteren, und die Urethra beginnt mit ihrem Ostium urethrae internum.
- Die Harnblase liegt in Bezug zum Peritoneum subperitoneal.

Zum **Lymphabfluss des Beckens** gilt es sich den Lymphstamm Truncus lumbalis zu merken:
Der Truncus lumbalis kann sowohl unpaarig als auch paarig angelegt sein. Er folgt der A. iliaca communis sowie der abdominellen Aorta und führt Lymphe hauptsächlich aus den unteren Extremitäten, den Beckeneingeweiden und der dorsalen Rumpfwand.

FÜRS MÜNDLICHE

Mit den folgenden Fragen zum Thema Urogenitaltrakt kannst du nun gut das Gelernte rekapitulieren.

1. Beschreiben Sie bitte Gestalt und Lage der Nieren.

2. Wo würden Sie Harnsteine im Verlauf des Ureters als erstes vermuten?

3. Sagen Sie bitte, was mündet und entspringt im Trigonum vesicae?

4. Zählen Sie bitte auf, welche anatomischen Strukturen vom Ureter in seinem Verlauf unterkreuzt werden.

---

1. Beschreiben Sie bitte Gestalt und Lage der Nieren.
Die Nieren liegen primär retroperitoneal. Sie sind etwa 10 cm lang, 5 cm breit und 4 cm dick. Sie liegen im Bezug auf die Wirbelsäule in Höhe BWK12-LWK3.

2. Wo würden Sie Harnsteine im Verlauf des Ureters als erstes vermuten?
Harnsteine bleiben meist im Bereich der Engstellen des Ureters hängen:
– Ausgang aus dem Nierenbecken,
– Überkreuzung der A. und V. iliaca communis,
– Eintritt in die Harnblase.

3. Sagen Sie bitte, was mündet und entspringt im Trigonum vesicae?
In das Trigonum vesicae münden die beiden Ureteren und es entspringt die Urethra.

4. Zählen Sie bitte auf, welche anatomischen Strukturen vom Ureter in seinem Verlauf unterkreuzt werden.
Der Ureter unterkreuzt bei der Frau die A. und V. ovarica und die A. uterina. Beim Mann unterkreuzt der Ureter die A. und V. testicularis und den Ductus deferens.

Pause

Alltagsprobleme ...
Dir geht es hoffentlich mit einer kurzen Pause besser!

Mehr Cartoons unter www.medi-learn.de/cartoons

KOSTENLOSES PROBEKAPITEL

WWW.MEDI-LEARN.DE/SKR-ABENTEUER

AB DEM 5. SEMESTER GEHT ES ERST RICHTIG LOS

ABENTEUER KLINIK!

MEDI-LEARN

5 Weibliche Geschlechtsorgane

▎▎ Fragen in den letzten 10 Examen: 13

Auf den folgenden Seiten werden die weiblichen Geschlechtsorgane von innen nach außen mit allen wichtigen Fakten besprochen. Das besondere Augenmerk dieses Kapitels liegt auf den Bandstrukturen und der Gefäßversorgung, da beide Themen gerne geprüft werden.

Zuvor noch ein kleiner, aber gefragter Exkurs zum Thema Engstellen des weiblichen Beckenkanals:

Der Beckenkanal weist einige Engstellen auf, durch die der kindliche Kopf bei der Geburt hindurch muss (s. Abb. 26 a, S. 36 und Abb. 26 b, S. 36). Im Vergleich zum Mann ist bei der Frau der Beckeneingang rundlicher bis quer-oval.

1. **Conjugata (vera) anatomica** ist mit ca. 12 cm der Abstand zwischen Promontorium und Symphysenoberkante.
2. **Conjugata vera = Diameter conjugata** ist mit nur 11 cm die effektiv engste Stelle des weiblichen Beckens und liegt zwischen Promontorium und Hinterfläche der Symphyse.
3. **Conjugata diagonalis** ist mit ca. 13 cm die Distanz zwischen Promontorium und Unterrand der Symphyse (messbar).
4. **Conjugata recta** ist mit 9 cm die Distanz zwischen der Steißbeinspitze und dem Unterrand der Symphyse. Unter der Geburt erweitert sich dieser Abstand.
5. **Diameter transversa der Beckeneingangsebene** ist mit 13,5 cm der größte Abstand zwischen den Lineae terminales.

5.1 Innere weibliche Geschlechtsorgane

Zu den inneren weiblichen Geschlechtsorganen zählen die **Ovarien** (Eierstöcke), die **Tuba uterina** (Eileiter), der **Uterus** (Gebärmutter) und die **Vagina** (Scheide).

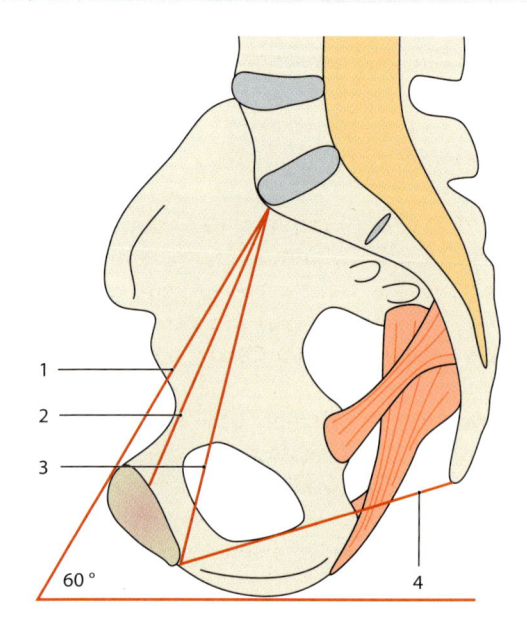

Abb. 26 a: Beckendiameter – Blick von medial

medi-learn.de/6-ana7-26a

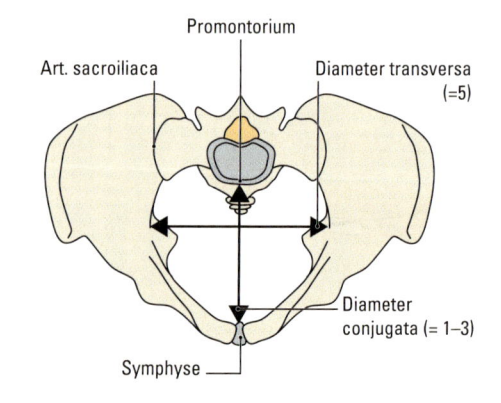

Abb. 26 b: Beckendiameter – Blick von kranial

medi-learn.de/6-ana7-26b

5.1.1 Uterus

Der Uterus ist ein muskulöses Hohlorgan. Er dient der Eizelle zur Einnistung, ist dann für die Ernährung des Embryos zuständig und ermöglicht schließlich durch Kontraktion die Austreibung des Kindes.

Lage und Aufbau

Makroskopisch kann man den Uterus in das **Corpus uteri** (Gebärmutterkörper), die **Cavitas uteri** (Gebärmutterhöhle) und die **Cervix uteri** (Gebärmutterhals) mit der **Portio vaginalis** (Vorwölbung der Cervix in die Scheide) unterteilen.

In dem Spalt zwischen Uterus und Rektum liegt die **Excavatio rectouterina**, die tiefste Stelle des Peritoneums. Die Excavatio rectouterina ist zu Untersuchungszwecken am besten über das hintere Scheidengewölbe der Vagina zugänglich.

> **Übrigens ...**
> In der Klinik wird die Excavatio rectouterina auch als Douglasraum bezeichnet.

Im weiblichen Körper liegt das Corpus uteri nach vorne gekippt mit seiner Vorderfläche der Harnblase auf. Die Abkippung der Längsachse des Gebärmutterkörpers gegen die Längsachse des Gebärmutterhalses bezeichnet man als **Anteflexio uteri**. Als **Anteversio uteri** bezeichnet man die Abknickung der Längsachse des Gebärmutterhalses gegen die Längsachse der Vagina.

Halteapparat des Uterus

Der Uterus steht über das **Lig. teres uteri** mit den großen Schamlippen in Verbindung. Es verläuft vom **Tubenwinkel** (Mündungsstelle der Tuba uterina in den Uterus) durch den Leistenkanal zu den großen Schamlippen. Eine Abknickung oder Retroflexio bzw. Retroversio uteri können zu Beschwerden führen. In diesem Fall ist u. a. eine operative Verkürzung der Ligg. teres uteri möglich. Über eine Bauchfellduplikatur – das **Lig. latum uteri** – ist der Uterus an der seitlichen Beckenwand aufgehängt. Nach dem gleichen Prinzip wie die weiter oben beschriebenen Mesos enthält diese Peritonealduplikatur die zuführenden und abführenden Uterusgefäße und bildet somit das **Mesometrium**. Die Besonderheit des Uterus liegt darin, dass das Organ nicht an der dorsalen Leibeswand, sondern zu beiden Seiten befestigt ist. Hierbei umschließt das Lig. latum uteri (also die beiden Blätter des Peritoneums) nicht nur den Uterus, sondern auch die Tuba uterina und das Ovar. Daher werden oft alle drei Mesos - das Mesometrium, das Mesovar und die Mesosalpinx – dem Lig. latum uteri zugeordnet. Nach neueren Lehrmeinungen werden **Mesovar** und **Mesosalpinx** jedoch als eigenständige Strukturen betrachtet. Diese Sichtweise wird in den schriftlichen Examina als richtig angesehen.

Gefäßversorgung des Uterus

Die Gebärmutter wird hauptsächlich über die **A. uterina** arteriell versorgt. Die A. uterina ist ein direkter Ast der A. iliaca interna und zieht über das Lig. latum uteri zum Uterus. Zur Versorgung der Vagina gibt die A. uterina die A. vaginalis ab.

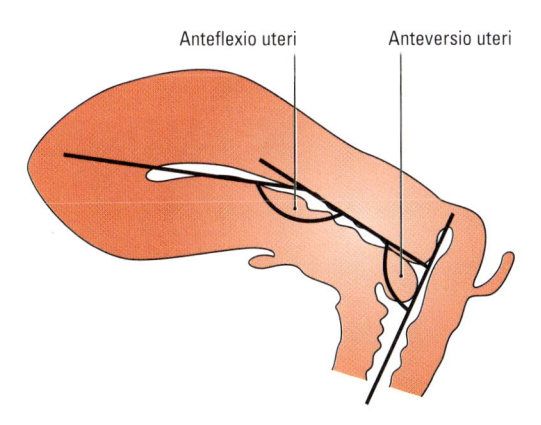

Abb. 27: Uterus anteversio und anteflexio
medi-learn.de/6-ana7-27

5 Weibliche Geschlechtsorgane

Um die Gebärmutter liegt ein venöses Gefäßgeflecht, der **Plexus venosus uteri**. Von hier aus fließt das venöse Blut in die V. iliaca interna ab.

Lymphgefäße des Uterus

Die Lymphe des Uterus drainiert hauptsächlich in die **Nodi lymphatici iliaci** und die **Nodi lymphatici lumbales** (iliakale und lumbale Lymphknoten). Über Lymphgefäße im Lig. teres uteri kann es jedoch bei Vorliegen einer Krebserkrankung auch zu inguinalen Lymphknotenmetastasen kommen.

5.1.2 Eierstöcke

Die **Ovarien** (Eierstöcke) sind die weiblichen Keimdrüsen. Hier entwickeln sich die Eizellen zu sprungreifen **Follikeln**, und es wird **Östrogen** und **Progesteron** produziert.

Lage und Aufbau

Die Ovarien liegen **intraperitoneal** und sind über das **Mesovar** und über verschiedene Bandsysteme mit der seitlichen Wand des kleinen Beckens und dem Lig. latum uteri verbunden.
Die folgende Tabelle gibt einen Überblick über den **Halteapparat des Ovars**:

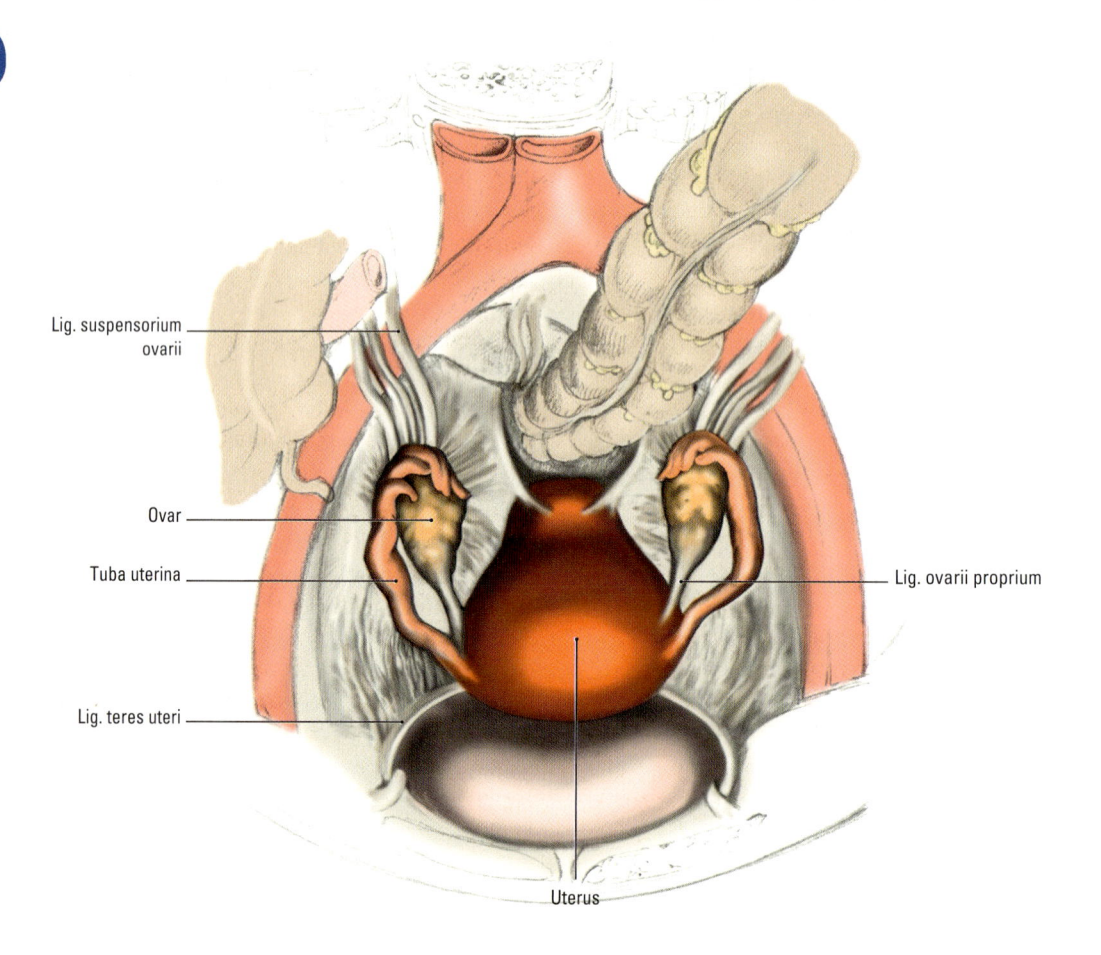

Abb. 28: Halteapparat Ovar

5.1.3 Eileiter

Lig. ovarii proprium	Lig. suspensorium ovarii	Mesovar
zieht vom Ovar zum Tubenwinkel und enthält den R. ovaricus der A. uterina	verbindet den Ovaroberrand mit der seitlichen Beckenwand und enthält die A. und V. ovarica	befestigt das Ovar am Lig. latum uteri und dient als Eintrittsstelle für Gefäße und Nerven

Tab. 17: Halteapparat des Ovars

Gefäßversorgung der Eierstöcke

Die Eierstöcke werden arteriell über die **A. ovarica** und den **Ramus ovaricus** der **A. uterina** versorgt. Die A. ovarica entspringt direkt aus der Aorta abdominalis in Höhe des zweiten Lendenwirbels und zieht durch das Lig. suspensorium ovarii zu den Eierstöcken. Die A. uterina entspringt direkt aus der A. iliaca interna und gibt am Tubenwinkel den Ramus ovaricus ab. Dieser zieht dann durch das Lig. ovarii proprium in Richtung Ovar, um auf diesem Weg mit der A. ovarica eine Anastomose zu bilden. Der venöse Abfluss des Blutes erfolgt über den **Plexus ovaricus**, ein das Ovar umgebendes Gefäßgeflecht, in die V. ovarica. Die V. ovarica verläuft dann durch das Lig. suspensorium ovarii, um schließlich – etwas unter dem Abgang der Nierenarterien aus der Aorta – rechts direkt in die V. cava inferior und links in die V. renalis sinistra abzufließen.

Lymphabfluss der Eierstöcke

Der Abfluss der Lymphe aus den Eierstöcken erfolgt in die **Nodi lymphatici lumbales** (lumbalen Lymphknoten). Von dort fließt die Lymphe in den paarig angelegten **Truncus lumbalis** (Lendenstamm), der die Lymphe schließlich über die **Cisterna chyli** in den **Ductus thoracicus** ableitet.

5.1.3 Eileiter

Die Tuba uterina (paarige Eileiter) dient der Eizelle als Weg vom Ovar zum Uterus. Die Eileiter liegen intraperitoneal und sind über die **Mesosalpinx** befestigt. Sie beginnen am Ovar mit dem **Infundibulum tubae uterinae**, erweitern sich zur **Ampulla tubae uterinae**, verengen sich nach medial zum **Isthmus tubae uterinae** und treten schließlich mit ihrer **Pars uterina** in den Uterus ein.

Das Infundibulum des Eileiters ist trichterförmig erweitert und steht über die **Fimbriae ovaricae** (Fimbrien) mit dem Ovar in lockerer Verbindung. Die Fimbrien sichern den Kontakt zum Ovar, wobei das Tubenende jedoch auch mit dem **Ostium abdominale** (Peritonealhöhle) kommuniziert.

5.1.4 Vagina

Die Vagina kann makroskopisch als muskulärer Schlauch angesehen werden. Sie hat durch den in ihrer Schleimhaut vorherrschenden sauren pH-Wert eine Schutzfunktion und verhindert so das Eindringen von Bakterien in den Uterus. Außerdem kann über sie das Menstrualblut abfließen. Sie dient als Geburtskanal und zur Kopulation.

Gefäßversorgung der Vagina

Die arterielle Blutzufuhr erfolgt über einen Ast der A. uterina, die **A. vaginalis**.
Auch um die Vagina besteht ein venöses Gefäßgeflecht, der **Plexus venosus vaginalis**, der in die V. iliaca interna abfließt.

Lymphabfluss der Vagina

Der Lymphabfluss der oberen zwei Drittel der Vagina erfolgt in die **Nodi lymphatici iliaci** (iliakalen Lymphknoten). Die Lymphe des unteren Drittels der Vagina fließt als erstes in die **Nodi lymphatici inguinales** (inguinalen Lymphknoten) ab.

5.1.5 Urethra

Die Harnröhre der Frau zieht von ihrem Abgang im Trigonum vesicae zum **Ostium ure-**

5 Weibliche Geschlechtsorgane

thrae externum, das im **Vestibulum vaginae** liegt. Sie ist mit 3–5 cm Länge relativ kurz und eröffnet durch ihre Nähe zum Darmausgang die Möglichkeit für bakterielle Infektionen der Harnröhre oder der Harnblase (meist sind dies Bakterien vom Typ E. coli).

5.2 Äußere weibliche Geschlechtsorgane

Zum äußeren weiblichen Genital zählt man den **Mons pubis** (Schamberg), die **Labia minora pudendi** (= kleine Schamlippen) und die **Labia majora pudendi** (große Schamlippen), die teilweise die kleinen Schamlippen bedecken. Zwischen den kleinen Schamlippen liegt das **Vestibulum vaginae** (Scheidenvorhof) mit dem **Ostium urethrae externum** (Ausgang der Harnröhre) und der Mündungsstelle des Scheidengangs. Die **Clitoris** (Kitzler) liegt am oberen Ende der kleinen Schamlippen und wird vom **Preputium clitoridis** (Kitzlervorhaut) bedeckt.

5.2.1 Die Gefäßversorgung des äußeren weiblichen Genitals

Arteriell erfolgt die Versorgung der äußeren weiblichen Geschlechtsorgane über die **A. pudenda interna**, ein Ast der **A. iliaca interna**.

5.2.2 Lymphgefäße der äußeren weiblichen Geschlechtsorgane

Der Lymphabfluss aus dem Gebiet des äußeren weiblichen Genitals erfolgt in die **Nodi lymphatici inguinales**.

Ein besonderer Berufsstand braucht besondere Finanzberatung.

Als einzige heilberufespezifische Finanz- und Wirtschaftsberatung in Deutschland bieten wir Ihnen seit Jahrzehnten Lösungen und Services auf höchstem Niveau. Immer ausgerichtet an Ihrem ganz besonderen Bedarf – damit Sie den Rücken frei haben für Ihre anspruchsvolle Arbeit.

- Services und Produktlösungen vom Studium bis zur Niederlassung
- Berufliche und private Finanzplanung
- Beratung zu und Vermittlung von Altersvorsorge, Versicherungen, Finanzierungen, Kapitalanlagen
- Niederlassungsplanung & Praxisvermittlung
- Betriebswirtschaftliche Beratung

Lassen Sie sich beraten!

Nähere Informationen und unseren Repräsentanten vor Ort finden Sie im Internet unter
www.aerzte-finanz.de

Deutsche Ärzte Finanz

Standesgemäße Finanz- und Wirtschaftsberatung

6 Männliche Geschlechtsorgane

.ıl Fragen in den letzten 10 Examen: 16

In diesem Kapitel werden die wichtigsten Fakten über die männlichen Geschlechtsorgane für die mündliche und schriftliche Prüfung zusammengefasst sowie klinische Hinweise gegeben. Konkret sind dies alle prüfungsrelevanten Fakten vom Hoden, über die inneren Geschlechtsorgane bis hin zum Penis.
Zu den männlichen Geschlechtsorganen zählen folgende Organe:
- **Hoden (Testis)**,
- **Nebenhoden (Epididymis)**,
- **Samenleiter (Ductus deferens)**,
- **Samenblase (Vesicula seminalis)**,
- **Vorsteherdrüse (Prostata)**,
- **männliche Harnröhre (Urethra)**,
- **Penis**.

Die männliche Urethra wird in diesem Kapitel wegen ihres besonderen Verlaufs mit abgehandelt.

6.1 Hoden

Die Hauptfunktion des Hodens ist die **Spermienproduktion**. Weiterhin bilden die **Leydig-Zellen** Testosteron; die **Sertoli-Zellen** bilden die Blut-Hoden-Schranke und produzieren ABP (androgenbindendes Protein).

6.1.1 Lage und Aufbau

Der Testis (Hoden) selbst ist etwa 3 cm · 4 cm groß und liegt zusammen mit dem **Epididymis** (Nebenhoden) im Skrotum. Gerne gefragt werden die Hüllen des Hodens und ihre Fortsetzung in den vorderen Schichten der Rumpfwand. Deshalb zeigt Tab. 18, S. 43 sie im Überblick.

Entwicklungsgeschichtlich werden die Hoden in Höhe des Abgangs der A. testicularis in der Bauchhöhle angelegt und gelangen erst später durch den Leistenkanal in das Skrotum (**De-**

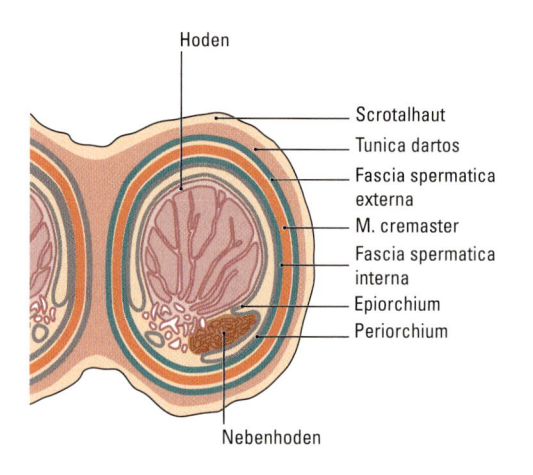

Abb. 29: Hodenhüllen   medi-learn.de/6-ana7-29

scensus testis). Hierbei ziehen sie ihre Gefäße und Lymphbahnen sowie eine Aussackung der Serosa des Bauchraums, den **Proc. vaginalis**, mit sich. Noch vor der Geburt verödet die Verbindung des Proc. vaginalis zum Peritoneum, sodass der voll entwickelte Hoden seinen eigenen serösen Überzug besitzt, der nun **Tunica vaginalis testis** heißt.

Die Tunica vaginalis testis besitzt wie andere seröse Häute (Peritoneum, Pleura, Perikard) eine **Lamina visceralis (Epiorchium)** und eine **Lamina parietalis (Periorchium)**, zwischen denen sich ein seröser Spalt befindet. Dieser dient der Verschieblichkeit des Hodens und steht bei vollständiger Entwicklung nicht mit der Cavitas peritonealis in Verbindung.

Das Periorchium liegt der Fascia spermatica interna und das Epiorchium der Tunica albuginea des Hodens und Nebenhodens an. Die Gefäße und der Samenstrang treten am Mesorchium aus, das an der Rückfläche des Hodens liegt. Das Mesorchium ist gleichzeitig der Ort, an dem sich die Umschlagfalte von Epiorchium zu Periorchium befindet.

Skrotalhaut und Tunica dartos	Fascia spermatica externa	M. cremaster	Fascia spermatica interna
Fortsetzung der Bauchhaut (die Tunica dartos bezeichnet Myofibroblasten in der Skrotalhaut)	Fortsetzung der Bauchfaszie (Fascia abdominalis superficialis)	Fortsetzung des M. obliquus internus abdominis	Fortsetzung der Fascia transversalis

Tab. 18: Hüllen des Hodens und ihre Herkunft aus den vorderen Schichten der Rumpfwand

Übrigens …
- Eine Wasseransammlung zwischen Epiorchium und Periorchium wird als **Hydrocele testis** bezeichnet.
- Nach vollständiger Entwicklung des Hodens verhindert das Peritoneum als einzige Schicht, dass intraperitoneal gelegene Darmanteile über den Funiculus spermaticus in das Skrotum prolabieren. Bei unvollständigem Descensus testis, z. B. bei Frühgeborenen, ist die Verbindung zwischen Proc. vaginalis und Peritoneum unter Umständen noch nicht verödet, sodass der Darm ungehindert aus der Cavitas peritonealis in den serösen Spalt der Hodenserosa rutscht. Hierbei handelt es sich um eine angeborene, **indirekte Leistenhernie**. Natürlich kann diese auch von voll entwickelten Männern erworben werden, indem das Peritoneum aussackt und mit dem Darm gemeinsam in den Funiculus spermaticus hineingedrückt wird.
- Unter einer **Hodentorsion** versteht man eine Verdrehung des Hodens, wodurch die blutzuführenden Gefäße verdrillt werden und es zur Minderdurchblutung kommt. Ein so verdrehter Hoden muss umgehend in seine normale Lage gebracht werden, da die Gefahr von Nekrosen besteht.

6.1.2 Gefäßversorgung des Hodens

Die arterielle Versorgung des Hodens erfolgt über die **A. testicularis** (entspringt direkt aus der Aorta abdominalis). Der venöse Abfluss findet über den **Plexus pampiniformis** (zieht vom Mesorchium bis durch den Leistenkanal) in die **V. testicularis dextra** und in die **V. testicularis sinistra** statt. Da Besonderheiten in Prüfungen immer gerne gefragt werden, solltest du dir unbedingt Folgendes dazu merken:

> **Merke!**
>
> Die rechte V. testicularis fließt direkt in die V. cava inferior, während die linke V. testicularis in die linke V. renalis (fast in einem 90-Grad-Winkel) mündet und erst die V. renalis sinistra zur V. cava inferior führt.

6.1.3 Lymphabfluss des Hodens

In schriftlichen Examina wird immer wieder gerne nach dem **Metastasierungsweg** von Hodenkarzinomen oder der Fortleitung von Entzündungen im Hodenbereich gefragt. Hierzu solltest du dir merken, dass der Lymphabfluss der Hoden über Lymphgefäße im Samenstrang, durch den Leistenkanal zuerst in die retroperitoneal gelegenen paraaortalen Lymphknoten, die **Nodi lymphatici lumbales** erfolgt.

Übrigens …
Eine Erweiterung der Venen des Plexus pampiniformis führt zum Bild der **Varikozele**. Hierbei kommt es meist durch eine Abflussbehinderung im Be-

6 Männliche Geschlechtsorgane

reich der Mündung der linken V. testicularis in die linke V. renalis (fast ein-90-Grad-Winkel) zu einem venösen Rückstau, welcher die Hodenfunktion beeinträchtigen kann.

6.1.4 Innervation des Hodens

Der Hoden wird hauptsächlich sympathisch versorgt. Der **Ramus genitalis** aus dem **N. genitofemoralis** innerviert motorisch den M. cremaster. Sensibel innerviert er zusammen mit dem **N. ilioinguinalis** die Skrotalhaut.

6.2 Nebenhoden

Aus funktioneller Sicht dient der Nebenhoden der Ausreifung und Speicherung der im Hoden gebildeten Spermatozoen. Der Nebenhoden liegt dem Hoden an der dorsalen Seite hilusnah an. Am Hodenhilus ziehen die **Ductuli efferentes** zum **Ductus epididymidis** (Nebenhodengang). Der Nebenhodengang zieht von dort bis an die Rückseite des kaudalen Hodenpols, um dann nach kranial in den **Ductus deferens** überzugehen.

6.3 Samenleiter

Die Aufgabe des Samenleiters wird sicher jedem bekannt sein, sodass wir hier nicht näher darauf eingehen müssen ...

6.3.1 Lage des Samenleiters

Der **Ductus deferens** (Samenleiter) hat seinen Ursprung am Nebenhoden und zieht von hier im **Funiculus spermaticus** (Samenstrang) nach kranial durch den Leistenkanal. Im kleinen Becken verläuft er über dem Ureter zur Prostata. Kurz vor der Prostata erweitert sich der Samenleiter zur **Ampulla ductus deferentis**. Der gemeinsame Ausführungsgang des Ductus deferens und der Samenbläschen wird als **Ductus ejaculatorius** bezeichnet. Dieser zieht durch die Prostata und mündet auf jeweils einen (rechts und links) **Colliculus seminalis** (Samenhügel) in der Pars prostatica der Urethra.

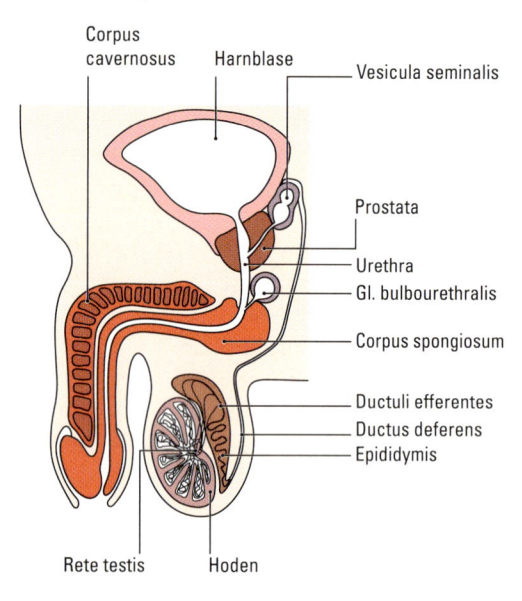

Abb. 30: Verlauf Ductus deferens

medi-learn.de/6-ana7-30

6.3.2 Gefäßversorgung des Samenleiters

Der Samenleiter wird arteriell durch die **A. ductus deferentis** versorgt. Die A. ductus deferentis ist ein Ast der **A. umbilicalis**, welche aus der **A. iliaca interna** entspringt.

6.3.3 Lymphabfluss des Samenleiters

Die Lymphgefäße ziehen zu den Nodi lymphatici iliaci externi et interni.

6.3.4 Innervation des Samenleiters

Die sympathische Innervation des **Ductus deferens** erfolgt über den **Plexus hypogastricus inferior**.

6.4 Bläschendrüse

Die paarige **Glandula vesiculosa** (Bläschendrüse) zählt zu den akzessorischen Geschlechtsdrüsen und produziert den größten Anteil des Ejakulats (50–70 Prozent). Ihr Produkt ist ein

6.4.1 Lage der Bläschendrüsen

fructosereiches, leicht alkalisches Sekret, das die Energie für die Spermien bereitstellt und über den **Ductus excretorius** abgegeben wird. Dieser vereint sich mit dem Ductus deferens zum **Ductus ejaculatorius**.

Die Bläschendrüse wird auch Vesicula seminalis (Samenbläschen) genannt. Dieser Name kann jedoch etwas irritieren, da in den Samenbläschen keine Spermien produziert werden. Beide Namen existieren in den verschiedenen Lehrbüchern jedoch parallel, sodass du dich hiervon nicht verwirren lassen solltest. Das schriftliche Examen bevorzugt die Bezeichnung Vesicula seminalis.

zählen. Sie produziert ein saures Sekret, das über etwa 20 eigene kleine Ausführungsgänge um die Colliculi seminales dem Ejakulat zugesetzt wird (macht etwa 30 Prozent des Ejakulats aus). Ihre Größe wird als etwa feigen-/kastaniengroß beschrieben.

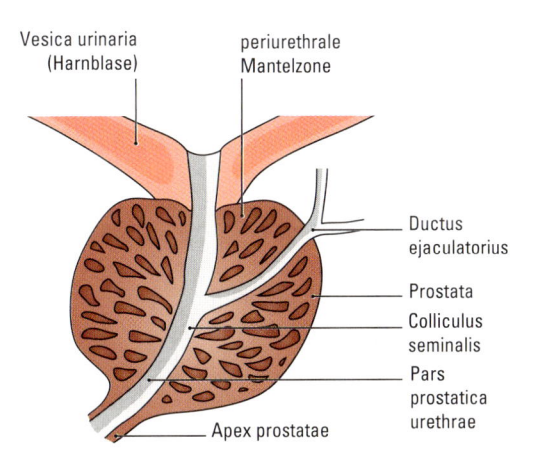

Abb. 32: Prostata seitlich medi-learn.de/6-ana7-32

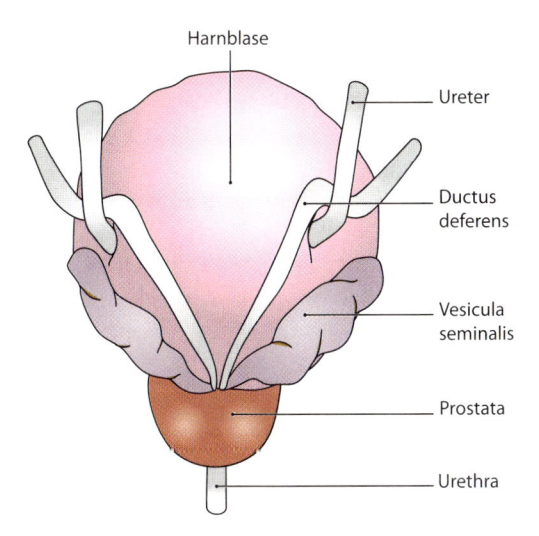

Abb. 31: Prostata/Samenbläschen medi-learn.de/6-ana7-31

6.4.1 Lage der Bläschendrüsen

Die Bläschendrüse liegt dorsal am Harnblasenfundus in subperitonealer Lage und ist paarig angeordnet.

6.5 Prostata

Die **Prostata** (Vorsteherdrüse) ist ebenfalls zu den akzessorischen Geschlechtsdrüsen zu

6.5.1 Lage und Aufbau der Prostata

Die Prostata liegt dem Diaphragma urogenitale auf und wird vom Blasenfundus bedeckt. Da sie keine Beziehung zum Peritoneum hat, ist ihre Lage als **extraperitoneal** bzw. **subperitoneal** zu bezeichnen. Über das Rectum ist die Prostata unterhalb der Plica transversa recti media (Kohlrauschfalte) tastbar. Die Prostata wird von der Harnröhre durchzogen. Der Ductus ejaculatorius dringt von kranial dorsal in die Prostata und mündet auf dem **Colliculus seminalis** (Samenhügel) in die Harnröhre.
Im Aufbau der Prostata lassen sich drei Zonen unterscheiden:
- **periurethrale Zone** (liegt um die Harnröhre herum),
- **Innenzone**,
- **Außenzone** (hier liegt der Hauptteil des Drüsengewebes).

6 Männliche Geschlechtsorgane

> **Übrigens ...**
> Die Kenntnis der verschiedenen Zonen der Prostata spielt bei der Unterscheidung eines bösartigen **Prostatakarzinoms** gegenüber einer gutartigen **Prostatahyperplasie** eine große Rolle.

Die relativ häufige Prostatahyperplasie bezeichnet eine Größenzunahme der Innenzone, was schließlich zu einer Komprimierung der Harnröhre und den damit verbundenen Schwierigkeiten (Harnverhalt) führt. Das bösartige Prostatakarzinom dagegen wächst bevorzugt in den drüsigen Anteilen in der Außenzone und macht klinisch im Frühstadium kaum Symptome. Bei einer digitalen rektalen Untersuchung ist die Prostata gut zu tasten und man kann so die Größe und die Oberfläche beurteilen.

6.5.2 Gefäßversorgung der Prostata

Hauptsächlich erhält die Prostata ihre arteriellen Zuflüsse aus der **A. vesicalis inferior** und der **A. rectalis media**. Der venöse Abfluss erfolgt über den Plexus vesicoprostaticus in die **V. iliaca interna**.

6.6 Männliche Harnröhre

Die männliche **Urethra** (Harnröhre) verläuft in einer S-Form von ihrem Beginn im Trigonum vesicae (Ostium urethrae internum) zur äußeren Harnröhrenöffnung an der Glans penis (Ostium urethrae externum). Sie ist 20–25 cm lang und lässt sich in verschiedene Bereiche unterteilen:
– Pars intramuralis,
– Pars prostatica,
– Pars membranacea,
– Pars spongiosa.

Die Pars intramuralis bezeichnet den kurzen Teil der Harnröhre bei der Passage der Harnblasenwand. Beim Durchtritt der Prostata (Pars prostetica) münden die Ducti ejaculatorii auf den Samenhügeln (Colliculi seminales) in die Harnröhre. In diesem Bereich liegen auch die kleinen Ausführungsgänge der Prostata. Der Teil der Harnröhre, der im Diaphragma urogenitale liegt, wird als Pars membranacea bezeichnet und ist der engste und am stärksten am Beckenboden fixierte Anteil der Urethra. Im Diaphragma urogenitale liegen die **Glandulae bulbourethrales** (Cowper-Drüsen). Sie zählen zu den akzessorischen Geschlechtsdrüsen und bilden 1–3 Prozent des Ejakulats. Das viskose Sekret der Glandulae bulbourethrales gelangt über kleine Ausführungsgänge in die **Ampulla der Pars spongiosa** der Urethra. Im Bereich des Bulbus penis mündet die Harnröhre in das Corpus spongiosum penis und zieht in diesem zum Ostium urethrae externum an der Glans penis. Die männliche Harnröhre weist jeweils 3 Engstellen und Erweiterungen auf. Die insgesamt weiteste Stelle befindet sich hierbei in der Ampulla urethrae.

1. Engstelle	Ostium urethrae internum
1. Erweiterung	Pars prostatica
2. Engstelle	Pars membranacea
2. Erweiterung	Ampulla urethrae
3. Erweiterung	Fossa navicularis urethrae
3. Engstelle	Ostium urethrae externum

Tab. 19: Engstellen und Erweiterungen der männlichen Harnröhre

6.7 Penis

Der Penis besteht aus unterschiedlichen Anteilen:
– Radix penis (pars affixa) mit Bulbus und Crura penis
– Corpus penis (pars pendulans)
– Glans penis (Eichel)

Zu den Schwellkörpern gehören:
– Corpora cavernosa (paarig)
– Corpus spongiosum (mit Glans penis)

6.7.1 Penisschwellkörper

Die **Corpora cavernosa penis** sind am Unterrand des Os pubis fixiert und bilden hier die **Crura penis**.

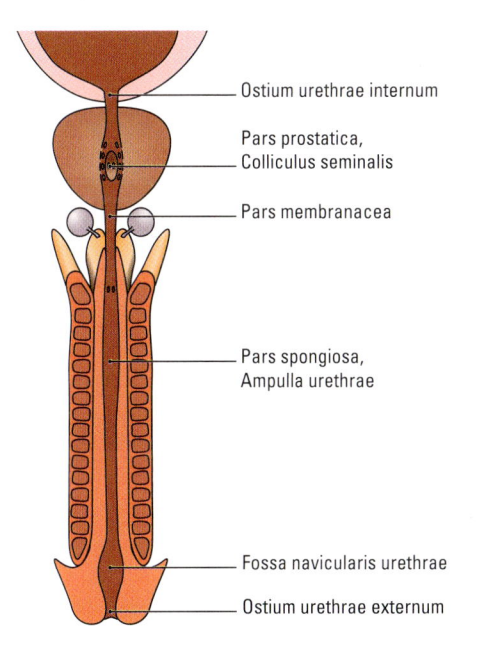

Abb. 33: Erweiterungen und Engstellen der Harnröhre
medi-learn.de/6-ana7-33

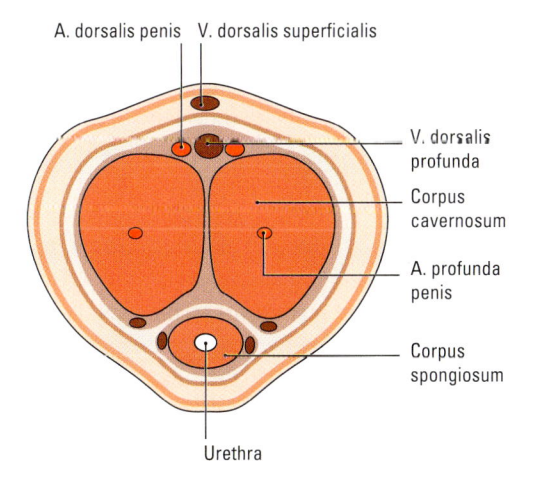

Abb. 34: Axialschnitt Penis *medi-learn.de/6-ana7-34*

Das **Corpus spongiosum penis** beginnt unter dem Diaphragma urogenitale mit Kontakt zur Membrana perinei als Bulbus penis und wird an seinem Ursprung vom Musculus bulbospongiosus umfasst. Das Corpus spongiosum penis legt sich von unten medial den beiden Corpora cavernosa penis an und endet distal mit der **Glans penis** (Eichel). Im Inneren des Corpus spongiosum penis liegt die Harnröhre. Die Eichel ist durch eine dünne Rinne, die **Corona glandis** vom Penisschaft getrennt. Das Corpus penis bildet hier eine um den Penis laufende Hautfalte, die die Eichel mehr oder weniger bedeckt. Diese Hautfalte wird als **Präputium** (Vorhaut) bezeichnet. Diese Vorhaut ist an der Unterseite der Eichel über ein Bändchen, das **Frenulum praeputii** angeheftet.

6.7.2 Gefäßversorgung des Penis

Der Penis wird arteriell durch drei Arterien versorgt:
- A. dorsalis penis (versorgt Glans und Präputium),
- A. profunda penis (versorgt die Corpora cavernosa penis),
- A. bulbi penis (versorgt die Harnröhre und das Corpus spongiosum penis).

Alle drei Arterien entspringen aus der A. pudenda interna.

Das venöse Blut aus dem Penis fließt hauptsächlich über die paarige V. dorsalis penis in den Plexus vesicoprostaticus und dann schließlich in die V. iliaca interna ab.

6.7.3 Lymphabfluss aus dem Penis

Die Lymphe aus dem Penis drainiert als erstes in die **tiefen inguinalen Lymphknoten**. Sollte zum Beispiel eine Entzündung der Glans penis vorliegen, so ist es daher hochwahrscheinlich, dass auch die inguinalen Lymphknoten angeschwollen sind.

6.7.4 Innervation der Schwellkörper

Die Steuerung der Erektion erfolgt über Fasern der **Nn. cavernosi penis** aus dem Plexus prostaticus und dem N. dorsalis penis des N. pudendus.

DAS BRINGT PUNKTE

Um im Examen wichtige Punkte zu sammeln, solltest du die zwei wichtigsten Bänder des **Uterus** (Lig. teres uteri und Lig. latum) und seine Lage im Bauchraum kennen. Hierzu die Fakten:
- Der Corpus uteri liegt intraperitoneal, die Zervix subperitoneal.
- Das **Lig. teres uteri** zieht vom Uterus (Tubenwinkel) durch den Leistenkanal zu den großen Schamlippen.
- Das **Lig. latum uteri** zieht vom Uterus zum seitlichen Beckenrand und ist mit Mesosalpinx und Mesovar verbunden.
- Das Abknicken des Corpus uteri gegen den Uterushals wird als **Anteflexio uteri** bezeichnet.
- Das Abknicken des Uterushalses gegen die Längsachse der Vagina wird als **Anteversio uteri** bezeichnet.

Im Bezug auf **Ovar** und **Tuba uterina** werden immer wieder die folgenden Haltestrukturen gefragt:
- Das Ovar ist über drei Haltestrukturen fixiert: Das **Lig. suspensorium ovarii** (enthält die A. und V. ovarica), das **Lig. ovarii proprium** (enthält den Ramus ovaricus der A. uterina) und das **Mesovar** (hierdurch gelangen die Gefäße schließlich zum Ovar).
- R. ovaricus und A. ovarica anastomosieren im Lig. ovarii proprium.
- Die Tuba uterina wird durch die Mesosalpinx am Lig. latum uteri fixiert.

Zum **Lymphabfluss** des inneren und äußeren **weiblichen Genitals** solltest du dir Folgendes merken:
- Die Lymphe des inneren Genitals (Uterus, Tube, Ovar) drainiert in die paraaortalen und lumbalen Lymphknoten.
- Die Lymphe des äußeren Genitals (Vulva) drainiert dagegen zuerst in die inguinalen Lymphknoten.

Zu den **Hodenhäuten** solltest du dir merken, dass die einzelnen Schichten der Leibeswand vom Hoden bei seinem Durchtritt durch den Leistenkanal mitgenommen werden und im Hoden wiederzufinden sind. Dieser Sachverhalt wird besonders gerne in den schriftlichen Examina gefragt.
Die Fortsetzungen der Leibeswand gliedern sich wie folgt:
- Die Fortsetzung der Haut entspricht am Hoden der Skrotalhaut,
- die Fortsätze von Fascia abdominalis superficialis bilden die Fascia spermatica externa,
- der M. obliquus internus entspricht in der Fortsetzung der Leibeswand dem M. cremaster,
- die Fascia transversalis setzt sich als Fascia spermatica interna fort.

Die Ausführungsgänge der akzessorischen **Geschlechtsdrüsen** werden ebenfalls öfters geprüft und sind daher hier noch einmal aufgeführt:
- Das Sekret der paarigen Bläschendrüse mündet über den Ductus excretorius gemeinsam mit dem Ductus deferens in den Ductus ejaculatorius, welcher durch die Prostata verläuft und auf die Colliculi seminales (Samenhügel) der Pars prostatica der Urethra mündet.
- Die etwa 20 Ausführungsgänge der Prostata münden neben den Colliculi seminales ebenfalls in die Pars prostatica der Urethra.
- Das Sekret der Cowper-Drüsen mündet in die Ampulla der Pars spongiosa urethrae.

DAS BRINGT PUNKTE

Beim Thema **Harnröhre** sind besonders die Engstellen und die Erweiterungen der Urethra prüfungsrelevant.
- Die Engstellen liegen in folgenden Bereichen der Urethra: Ostium urethrae internum, Pars membranacea, Ostium urethrae externum.
- Die Erweiterungen der Urethra finden sich in der Pars prostatica sowie in der Ampulla und der Fossa navicularis der Pars spongiosa.

Zum **Penis** wurden bislang besonders die Schwellkörper gefragt. Du solltest dir deshalb gut einprägen, dass
- die paarigen Corpora cavernosa penis an den unteren Schambeinästen ansetzen und den Penisschaft bilden,
- das unpaare Corpus spongiosum penis die Glans penis und die Harnröhre enthält, an seinem Ursprung vom M. bulbospongiosus fixiert wird und so den Bulbus penis bildet.

FÜRS MÜNDLICHE

Zum Abschluss des Skriptes geht es jetzt um die Fragen der mündlichen Prüfungsprotokolle zum Thema weibliche und männliche Geschlechtsorgane. Teste dein Wissen!

1. **Sagen Sie, welche Arterie versorgt den Uterus und womit anastomosiert sie!**
2. **Nennen Sie bitte die tiefste Stelle des Peritoneums bei einer stehenden Frau!**
3. **Nennen Sie die Fixierung des Ovars!**
4. **Wo mündet ihrer Meinung nach die Harnröhre?**
5. **Sagen Sie, wie lang ist die weibliche Harnröhre?**
6. **Welche Lymphknoten sind bei einer Entzündung der Glans penis als erstes betroffen?**
7. **Sagen Sie, in welchen Lymphknoten werden sich bei einem Patienten mit Hodenkarzinom als erstes maligne Zellen nachweisen lassen?**
8. **Was fassen Sie unter dem Begriff akzessorische Geschlechtsdrüsen zusammen?**
9. **Was versteht man unter dem Begriff Hydrozele?**
10. **Beschreiben Sie bitte, wie eine Varikozele entsteht!**

1. Sagen Sie, welche Arterie versorgt den Uterus und womit anastomosiert sie!
Der Uterus wird über die A. uterina (Ast der A. iliaca interna) arteriell versorgt. Die A. uterina anastomosiert über den Ramus ovaricus mit der A. ovarica.

2. Nennen Sie bitte die tiefste Stelle des Peritoneums bei einer stehenden Frau!
Die Excavatio rectouterina (Douglasraum) ist der tiefste Punkt des Peritoneums bei der Frau. Er liegt zwischen Rektum und Uterus.

FÜRS MÜNDLICHE

3. Nennen Sie die Fixierung des Ovars!
– Mesovar
– Lig. suspensorium ovarii
– Lig. ovarii proprium

4. Wo mündet ihrer Meinung nach die Harnröhre?
Die Harnröhre mündet in das Vestibulum vaginae.

5. Sagen Sie, wie lang ist die weibliche Harnröhre?
Die weibliche Harnröhre hat etwa eine Länge von 3–5 cm.

6. Welche Lymphknoten sind bei einer Entzündung der Glans penis als erstes betroffen?
Der Penis liegt im Abflussgebiet der inguinalen Lymphknoten, weswegen diese zuerst betroffen sind.

7. Sagen Sie, in welchen Lymphknoten werden sich bei einem Patienten mit Hodenkarzinom als erstes maligne Zellen nachweisen lassen?
Die Lymphflüssigkeit aus dem Hoden drainiert zuerst in die paraaortalen und lumbalen Lymphknoten. Hier werden sich also zuerst maligne Zellen nachweisen lassen.

8. Was fassen Sie unter dem Begriff akzessorische Geschlechtsdrüsen zusammen?
Die akzessorischen Geschlechtsdrüsen produzieren den Hauptanteil des Ejakulats. Bläschendrüsen, Prostata und Cowper-Drüsen werden als akzessorische Geschlechtsdrüsen bezeichnet.

9. Was versteht man unter dem Begriff Hydrozele?
Eine Hydrozele ist eine Flüssigkeitsansammlung im serösen Spalt der Tunica vaginalis des Hodens (zwischen Periorchium und Epiorchium).

10. Beschreiben Sie bitte, wie eine Varikozele entsteht!
Eine Varikozele ist als eine Erweiterung von skrotalen Venen zu verstehen und beruht meist auf einer venösen Abflussbehinderung.

Pause

Geschafft! Jetzt noch ein Blick auf wichtige Gefäße und dann hast du dir eine große Paus verdient.
Danach kann gekreuzt werden!

Wichtige Gefäße im Überblick

Dieses Kapitel gibt dir einen kompakten Überblick über die wichtigsten Gefäße im Bereich des Abdomens und des Beckens. Die jeweiligen Arterien sind einschließlich ihrer wichtigsten Äste aufgelistet und können so nochmal schnell wiederholt oder nachgeschlagen werden.

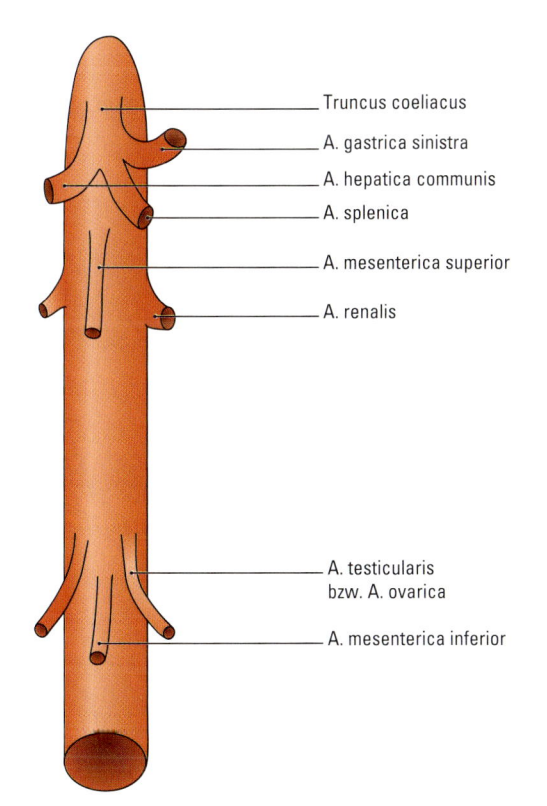

Abb. 35: Abgänge der Aorta abdominalis

medi-learn.de/6-ana7-35

Die Abgänge der Aorta abdominalis von kranial nach kaudal

1. A. phrenica inferior (paarig angelegt)

2. Truncus coeliacus (Höhe BWK 12/LWK 1, teilt sich in drei große Äste)
2.1 A. hepatica communis (teilt sich in zwei Äste)
2.1.1 A. hepatica propria (**1. Ast**)
– A. cystica
– A. gastrica dextra
2.1.2 A. gastroduodenalis (**2. Ast**)
– A. gastroomentalis dextra
– A. pancreaticoduodenalis superior
2.2 A. splenica (stärkster Ast des Truncus coeliacus)
2.2.1 A. gastroomentalis sinistra
2.2.2 Aa. gastricae breves
2.3 A. gastrica sinistra

3. **A. suprarenalis media** (paarig angelegt)

4. **A. mesenterica superior** (Höhe LWK 1/2, versorgt den Darm bis zur linken Kolonflexur)
4.1 A. pancreaticoduodenalis inferior
4.2 Aa. jejunales und Aa. ileales
4.3 A. ileocolica
4.3.1 A. appendicularis
4.3.2 A. caecalis
4.4 A. colica dextra
4.5 A. colica media

5. **A. renalis** (Höhe LWK 2, paarig angelegt)
5.1 A. suprarenalis inferior

6. **A. ovarica (bei der Frau) oder A. testicularis (beim Mann)** (paarig angelegt)

7. **A. mesenterica inferior** (Höhe LWK 3/4)
7.1 A. colica sinistra
7.2 Aa. sigmoideae
7.3 A. rectalis superior

> **Merke!**
>
> Alle unpaaren Abgänge der Aorta abdominalis bilden Anastomosen.
> – Der Truncus coeliacus bildet durch die A. pancreaticoduodenalis superior mit der A. pancreaticoduodenalis inferior, als Ast der A. mesenterica superior, eine Anastomose im Bereich des Pankreaskopfes.
> – Die A. mesenterica superior bildet über die A. colica media mit der A. colica sinistra, als Ast der A. mesenterica inferior, im Bereich der linken Colonflexur die Riolan-Anastomose.

Anhang

Die Arterien des Beckens in der Übersicht

Die Äste der A. iliaca interna lassen sich in parietale Äste und in viszerale Äste unterteilen:

1. A. iliaca interna
1.1 Parietale Äste
1.1.1 A. iliolumbalis
1.1.2 A. sacralis lateralis
1.1.3 A. glutea superior
1.1.4 A. glutea inferior
1.1.5 A. obturatoria
1.2 Viszerale Äste
1.2.1 A. umbilicalis
– A. vesicalis superior
– A. ductus deferentis
1.2.2 A. vesicalis inferior
1.2.3 A. uterina
– A. vaginalis
– Ramus ovaricus
1.2.4 A. rectalis media
1.2.5 A. pudenda interna
– A. rectalis inferior
2. A. iliaca externa
2.1 Äste zum M. psoas
2.2 A. epigastrica inferior
2.3 A. circumflexa ilium profunda

Die A. iliaca externa zieht durch die Lacuna vasorum aus dem Becken und geht in die A. femoralis über.

Index

A
Adrenalin 30
Aldosteron 29
Ampulla
– ductus deferentis 44
– recti 12
– tubae uterinae 39
Androgen 30
Androstendion 30
Apex vesicae urinariae 31
Appendices epiploicae 11
Appendix vermiformis 10, 11
Area nuda 19
Arteria
– appendicularis 51
– bulbi penis 47
– circumflexa ilium profunda 52
– colica
  • dextra 11
  • media 11
  • sinistra 12
– cystica 21
– ductus deferentis 44, 45
– epigastrica inferior 52
– gastrica
  • dextra 6, 7
  • sinistra 6, 7
– gastroduodenalis 7, 8
– gastroomentalis 14
  • dextra 6, 17
  • sinistra 6, 17, 23
– hepatica
  • communis 7, 14
  • propria 7, 19
– ileocolica 11
– iliaca interna 13, 44
– mesenterica
  • inferior 11, 12, 13, 15
  • superior 9, 11, 15, 24
– ovarica 31, 34, 39, 49
– profunda penis 47
– pudenda interna 13
– rectalis
  • inferior 13
  • media 13, 15
  • superior 13
– renalis 31
  • dextra 28
  • sinistra 28
– sigmoidea 12
– splenica 6, 7, 14, 23, 24
– suprarenalis
  • inferior 30, 33
  • media 30, 33
  • superior 30, 33
– testicularis 31, 34, 43
– umbilicalis 44
– uterina 34, 37, 39, 49
  • Ramus ovaricus 39
– vaginalis 39
– vesicalis
  • inferior 32
  • superior 32
Arteriae
– gastricae breves 6
– ileales 9
– jejunales 9

B
Bauchregion 3
Beckendiameter 36
Bulbus duodeni 8
Bursa omentalis 4

C
Caecum 10
Cannon-Böhm-Punkt 12
Capsula
– adiposa renis 28, 33
– fibrosa renis 28, 33
Colliculus seminalis 44, 45
Collum vesicae urinariae 31
Colon
– ascendens 10, 11
– descendens 10, 11
– sigmoideum 10, 11
– transversum 10, 11
Columnae anales 12
Conjugata
– anatomica 36
– diagonalis 36

Index

- recta 36
- vera 36

Corona glandis 47
Corpora cavernosa penis 47, 49
Corpus
- cavernosum recti 13
- gastricum 6
- penis 47
- spongiosum penis 47, 49
- vesicae urinariae 31

Corticosteron 29
Cortisol 29
Cowper-Drüse 46, 48, 50
Crura penis 47

D
Dehydroepiandrosteron (DHEA) 30
Descensus testis 42
Desoxycorticosteron 29
Desoxycortisol 29
DHEA 30
Diameter conjugata vera (obstetrica) 36
Diameter transversa 36
Douglasraum 37
Ductuli efferentes 44
Ductus
- choledochus 7, 8, 20
- cysticus 20
- deferens 34, 44, 48
- ejaculatorius 44
- epididymidis 44
- hepaticus communis 20

Duodenum 8
- Engstelle 46
- Erweiterung 46

E
Enterohepatischer Kreislauf 19
Epididymis 42
Epiorchium 42, 50
Excavatio rectouterina 37, 49
extraperitoneal 15, 45

F
Facies
- diaphragmatica hepatis 18
- visceralis hepatis 18

Fascia spermatica
- externa 43, 48
- interna 43, 48

Fasziensack 28, 33
Fimbriae ovaricae 39
Flexura duodenojejunalis 9
Foramen epiploicum 4
Frenulum preputii 47
Fundus
- gastricus 6
- vesicae urinariae 31

Funiculus spermaticus 44

G
Gallenblase 20
Gestagen 30
Glandula
- bulbourethralis 46
- suprarenalis 28
- vesiculosa 44

Glans penis 47
Glucocorticoid 29

H
Haustrum 11
Head-Zone 3
Hydrocele 50
- testis 43

11-Hydroxyandrostendion 30
17-Hydroxyprogesteron 30

I
Ileum 9
intraperitoneal 1, 2, 3, 9, 11, 12, 14, 38, 39
Isthmus tubae uterinae 39

J
Jejunum 9

K
Katecholamin 29, 30
Koller-Pouch 23

L
Labia
- majora pudendi 40
- minora pudendi 40

Lamina
- parietalis 42
- visceralis 42

Lanz-Punkt 10

Leber 18

Levatortor 13

Ligamentum
- coronarium 19
- falciforme 18, 24
- gastrocolicum 4, 14
- gastrosplenicum 4, 23, 24
- hepatoduodenale 4, 8, 20
- hepatogastricum 4
- latum 48
  • uteri 37, 39
- ovarii proprium 39, 50
- phrenicocolicum 23, 24
- splenorenale 4, 14, 23, 24
- suspensorium ovarii 39, 48, 50
- teres
  • hepatis 18, 24
  • uteri 37, 48
- venosum 18

Lobus
- caudatus 18
- quadratus 18

Lymphabfluss 33
- Becken 33
- Dickdarm 12

M

Magen 6

McBurney-Punkt 10

Meckeldivertikel 9

Mesenterium 1, 9

Mesometrium 37

Mesorchium 42

Mesosalpinx 37, 39

Mesovar 37, 38, 39, 48, 50

Miktion 32

Milz 23

Milznische 23

Mineralocorticoid 29

Mons pubis 40

Musculus
- cremaster 43, 48
- detrusor vesicae 32
- levator ani 13
- pylorus 6
- sphincter ani 12
  • externus 12
  • internus 12
- sphincter urethrae 32

N

Nebenhoden 44

Nervi
- splanchnici 5

Nervus
- genitofemoralis 44
- pudendus 13, 47
- vagus 5, 12

Niere 28

Nierenkapsel 33

Nodi lymphatici
- iliaci 38, 39
- inguinales 39, 40
- lumbales 38, 39, 43

Noradrenalin 30

O

Omentum
- majus 3
- minus 4

Ostium
- abdominale 39
- ileale 10
- urethrae externum 39, 40

Östradiol 30

Östrogen 30

Östron 30

Ovar 36, 38

P

Pankreas 22

Papilla duodeni major 8, 17, 21, 22

Pars
- cardiaca 6
- intramuralis urethrae 46
- membranacea urethrae 46
- prostatica urethrae 46
- pylorica 6
- spongiosa urethrae 46
- superior duodeni 8

Index

Pelvis renalis 30
Penis 46
– Gefäßversorgung 47
Periorchium 42
– parietales Blatt 1
– viszerales Blatt 1
Peritoneum 1, 2
Pfortaderkreislauf 19
Plexus
– hypogastricus 44, 47
– ovaricus 39
– pampiniformis 43
– venosus
  • uteri 38
  • vaginalis 39
  • vesicalis 32
Plica
– semilunaris 11
– spiralis 20
– transversa recti 12
Praeputium 47
– clitoridis 40
Processus vaginalis peritonei 42
Progesteron 30
Prostata 45

R
Recessus intersigmoideus 11
Rectum
– fixum 12
– mobile 12
Regio
– epigastrica 3
– hypochondriaca
  • dexter 3
  • sinister 3
– inguinalis
  • dexter 3
  • sinister 3
– lateralis
  • dexter 3
  • sinister 3
– pubica 3
– umbilicalis 3
retroperitoneal 2, 3
– primär 2, 3, 14, 28, 34
– sekundär 2, 3, 10, 11, 14, 22

Retroperitonealraum 3
Riolan-Anastomose 11, 17
Rovsing-Zeichen 10

S
Sakraler Parasympathikus 12
Sexualsteroid 29
Skrotalhaut 43
Steroidhormon 29
subperitoneal 31, 33, 45

T
Taenia
– libera 10, 17
– mesocolica 17
– omentalis 17
Taenien 10
Testis 42
Testosteron 30
Trigonum
– vesicae 32, 46
– vesicae urinariae 33, 34
Truncus coeliacus 7, 14
Tuba uterina 36, 39
– Pars uterina 39
Tunica dartos 43

U
Ureter 30, 34
– überkreuzt 31
– unterkreuzt 31
Ureterenge 31
Ureterverlauf 33
Urethra 39, 46
Uterus 36, 37, 48
– Anteflexio uteri 37, 48
– Anteversio uteri 37, 48

V
Vagina 36, 39
Valva ileocaecalis 9
Varikozele 50
Vena
– cava inferior 13, 18, 19, 28, 30
– cystica 21
– dorsalis penis 47
– gastroomentalis 14

Index

- hepatica 19
- iliaca interna 13
- mesenterica
  - inferior 13, 19
  - superior 19
- ovarica 34, 39
- portae 7, 13, 19
- rectalis
  - inferior 13
  - media 13
  - superior 13
- renalis 28, 30
- splenica 14, 19, 23, 24
- suprarenalis 33
  - dextra 33
- testicularis 34
  - dextra 43
  - sinistra 43

Vesica urinaria 30, 31
Vestibulum vaginae 40, 50

Z
Zona columnaris 12

Deine Meinung ist gefragt!

Es ist erstaunlich, was das menschliche Gehirn an Informationen erfassen kann. Slbest wnen kilene Fleher in eenim Txet entlheatn snid, so knnsat du die eigneltchie lofnrmotian deoncnh vershteen – so wie in dsieem Text heir.

Wir heabn die Srkitpe mecrfhah sehr sogrtfältg güpreft, aber vilcheliet hat auch uesnr Girehn – so wie deenis grdaee – unbeswust Fheler übresehne. Um in der Zuuknft noch bsseer zu wrdeen, bttein wir dich dhear um deine Mtiilhfe.

Sag uns, was dir aufgefallen ist, ob wir Stolpersteine übersehen haben oder ggf. Formulierungen verbessern sollten. Darüber hinaus freuen wir uns natürlich auch über positive Rückmeldungen aus der Leserschaft.

Deine Mithilfe ist für uns sehr wertvoll und wir möchten dein Engagement belohnen: Unter allen Rückmeldungen verlosen wir einmal im Semester Fachbücher im Wert von 250 Euro. Die Gewinner werden auf der Webseite von MEDI-LEARN unter www.medi-learn.de bekannt gegeben.

Schick deine Rückmeldung einfach per E-Mail an support@medi-learn.de oder trag sie im Internet in ein spezielles Formular für Rückmeldungen ein, das du unter der folgenden Adresse findest:

www.medi-learn.de/rueckmeldungen

FÜR iPHONE UND ANDROID

WWW.MEDI-LEARN.DE/SKR-IPHYSIKUM

MOBIL EXAMENSFRAGEN KREUZEN

iPHYSIKUM

MEDI-LEARN